典藏

中国学术名著丛书

近百年古城古墓发掘史

郑振铎

吉林出版集团股份有限公司

图书在版编目（CIP）数据

郑振铎 近百年古城古墓发掘史 / 郑振铎著 .—长春：吉林出版集团股份有限公司，2017.3（2022.2 重印）
（中国学术名著丛书）
ISBN 978-7-5581-2275-0

Ⅰ.①郑… Ⅱ.①郑… Ⅲ.①古城遗址（考古）–考古发掘–历史–国外–现代②墓葬（考古）–考古发掘–历史–国外–现代 Ⅳ.① K868.04

中国版本图书馆 CIP 数据核字（2017）第 052527 号

郑振铎 近百年古城古墓发掘史

著　　者 郑振铎
出版策划 杜贞霞
责任编辑 王　平
封面设计 映象视觉
开　　本 710mm × 1000mm　1/16
字　　数 211 千
印　　张 16.5
版　　次 2017 年 6 月第 1 版
印　　次 2022 年 2 月第 2 次印刷

出版发行 吉林出版集团股份有限公司
电　　话 总编办：010-63109269
发行部：010-63109269
印　　刷 众鑫旺（天津）印务有限公司

ISBN 978-7-5581-2275-0　　定价：48.00 元

目录

近百年古城古墓发掘史

附录　挽救珍稀文献书信录

近百年古城古墓发掘史

序

自十九世纪的初年以来，人类有两个显著的大进步。第一是：对于所住的世界，经了勇敢的探险家的努力，已经将所未知的地域，所未发见的新地完全找到；第二是：对于许多时代之前的民族与文明、艺术与宗教，久已为我们所忘记者，经了精敏辛勤的发掘家的努力，也已经将他们重复显露于我们之前。总之，人类的知识范围，自十九世纪以来，差不多较前扩充了许多倍，无论在空间方面，或在时间方面，在地理上，或在历史上。譬如，叙述米索不达米亚的文明，叙述尼罗河的文明，叙述希腊的文明者，从前皆以古代历史家，如希罗多德（Herodotus）诸人的著作为唯一的宝库。而对于他们，谨慎的历史家却还是半信半疑的，不敢全据为实。有史的时间，因此缩短至有历日可纪之时；在此时之前的史实，他们或视为神话，或视为无稽的传说，或传为诗人创造的传奇。其实，此种史实，其本身原是模糊影响，不大有什么丰富的内容的。所以在十九世纪之前，或可更确切的说，在十九世纪中叶之前，古代史是至为枯窘可怜的。到了十九世纪之后，许多发掘者在烈日之下，荒原之上工作着，许多考古家在研究室绞尽脑汁解释着，于是我们乃可于三四千年之后，竟得见亚述帝国的王家图书馆的藏书，而读其内容，得见巴比伦帝国与埃及帝国往来的外交文件，而知当时的国际情形；如果我们到了巴比伦，我们还可以在那个壮丽无比的圣街上散步着，如果我们到了推来，我们还可以凭吊为了一个美人而苦战十年的坚城，如果我们到了底比斯的死城或王谷中，我们还可以下了阿门和特普第二世的墓道，瞻仰这个大皇帝的御容，如果我们可以到了克里特，我们还可以看见当时海王国宫殿的遗址，而徘徊于其宝座之旁。这是如何可惊奇的一个古时代呢！十九世纪之前的历史家岂真梦想得到：一个诗人的传说，乃有真实的背景，一个生于三四千年后的人乃竟得见三四千年前的王家藏书，乃竟得徘徊于三四千年前的名王的城中，宫中，还不是一个可惊的进步么？

关于地理上的发展，这里不提。本书所叙的止是最近百年来的最重要的古史学上的发见，或最重要的古城古墓发见的故事。这些故事，其本身往往也足以振动一世的听闻，也即是可惊奇的传奇的一页一篇。一个梦想的古物学家，精确的选定了一个古代的遗址之后，便动手掘下去。一锹一铲的将泥土掘起，一筛一箩的将他们倒去。经营了几天，几月，甚至几年之后，忽然一个工人的铁锹，喀的一声遇到了一个坚物，遇到了一个石块。由此，而一个人首而有翼的尊严的石狮子被发见了，由此，而一个名王的墓和它的无穷宝物被发见了，由此，而一个名城的墙头在三四千年的沉埋之后，发见于天日之下了。当那个惊人的大石像出土时，当墓中的遗物，完美无缺的一一复显于三四千年后的我们之前时，旁观者岂止游心于光荣伟大的古代而已，工作者岂止酬偿了他的几月几年的烈日下荒原上的辛勤而已！其愉快，其所获，盖有出常人所意想之外者：

一、他们发见的是古代的文化，古代的艺术，古代人民的生活情形：他们将已失去的古代重现于我们之前；

二、使我们直接与古代的文化，古代的艺术，古代的史迹，面对面的相见，不必依靠了传述失真的古代记载：

三、证明了古代大诗人的著作，古代的神话，古代的英雄传说，向来以为虚无漂渺，不值一顾者，实未尝无真实的成分在内。有时，且可以知道这种传说、神话的所以构成的原因。

在十九世纪中叶之前，未尝无发掘，未尝无发见，且也未尝无二三惊动一时的发掘的故事被传述着；然而却有两大点和近代的发掘，本书里所叙的发掘不同。

第一，十九世纪中叶之前的发见，大都是偶然的，机缘凑合的发见，不是什么专门家有心要去发见的。潘沛依（Pompeii）之被发见于一个农人，便是一个好例。至于近代的许多大发见，则不然。这个发见都是专门家有意的经了千辛万苦而始得到的结果。在他们之前，那是一个无人注意的荒丘，在他之后，那个荒丘却告诉人家说，在许多许多时代之前，他们乃是如何光荣，如何弘伟的一座名城。我们不仅可以见到威势赫赫的王宫，见到耸立地面，久攻不下的名城，见到关于战事、国政、宗教的刻文，关于国王祭师的，以及他们的神道的石像，我们还可以见到那时人民的生活状况，以及他们养生送死的器具，更还可以走到他们的市场之上，而默想当时人民熙往攘来的情形。这不能不感激那些辛勤耐苦的发掘家的。偶然发见的时代，现在已经过去了，决不会再来了，一则专门的考古学者的研究一天天的深进，关于古址的考定与发掘在欧洲和小亚细亚一方面都已可算是"地少藏宝"的了；二则偶然的发见，百年难得数见，有意的发掘，十发必有七八中，在如今求知若渴之时，假定考定了一个遗址，专门的发掘家是等待在那里的；因此偶然发见的机会益少。

第二，十九世纪中叶之前的发掘，大都不是为了学问，为了艺术，为了古史而工作着；他们不是为了个人的财富，便是为了国家的财富或劫，或抢，且骗，且偷，只要有古物可以到手，便什么卑鄙的手段都可使得出。他们除了夸多斗富之外别无目的。所以在他们看来不值得一顾，而在考古学家看来则为无价之宝的东西，不知被毁弃了多少！这是考古学上的一个大劫，倒不如藏宝于地，还可以有复得之时呢。到了十九世纪中叶之后，发掘者的态度便完全不同了。他不是为了一尊希世的雕像而去发掘，也不是因要盗窃古墓中高价的珠宝而去发掘，也不是为了要增加个人的收藏或国家的御库而去发掘，他们的发掘，除了纯正的学问的工作之外，别无目的。一位专门家在埃及王谷中发掘了许多年；一个埃及土人对人论到他道："他在这里那末久，一定已成了一位富翁。"不，在学问上，他诚然成了富翁，若论物质上的报酬，则他所得的有什么！

因为十九世纪中叶后的发掘者态度的不同，所以近七八十年来，其所得远超出于从前的好几百年的时间；从前所不注意的荒丘，如今都掘发了，从前所寻找不到的名墓，如今也都已逐一的得到了。自波他发掘柯萨巴（Khorsabad）以来，至今不过八十余年，而这八十余年中，几乎年年有重要的发见。其结果，则古史的材料一天天的丰富，旧时记载的错误，逐渐的都被更正。我们试读剑桥大学的《古代史》（*Ancient History*），其材料之丰富简直非从前史学家所曾梦见的。

然而自八十余年的发掘以来，欧洲和近东以及尼罗河流域的重要古址也几乎都被专门的发掘者发掘尽了，今后的欧洲和近东，和尼罗河流域，恐将难再有什么惊人的大发见的了。不过近年来的发掘者，其态度和方法，却更有和波他、需雅特乃至舍利曼诸人不同者。波他，需雅特，乃至舍利曼诸人，他们的主要目的，还在发见什么传说中的名城，什么大皇帝的宫殿，什么人头有翼的牛和狮，什么惊人的狩猎图，战事图，什么名王的大墓和它的财宝，什么古代的大建筑，大雕刻；至于微小的“貌不惊人”的东西，他们却不屑去注意。至于近来的专门家则不同了，他们见一片碎陶器，一块废铁，一个粗恶的偶像，其价值不下于伟大的王宫和王墓；他们知道，有时一片碎陶器所叙述出来的古代的生活和艺术，反较之王宫王墓为更重要。所以他们也许对于这些“貌不惊人”的东西反倒较古宫古殿为更注意——当然，他们也决不忽视了这些古宫古墓的。总之，从来的发掘。目的在求惊人的大发见，今日的发掘，则对于古代的遗物，自一钉一瓦以至于残碎的小偶像，都是十分宝贵的，因此惊人的大发见今后虽未必会有，而可以为古史的一部分资料的古物则决不会绝迹，有许多专门家，因此未免惋惜波他，舍利曼诸人之忽视微小的古物，使他们在发掘者手下毁灭了，减少了不少的古史上的重要材料。然创始者总是粗枝大叶，未能细针密缝的，这样的忽略当然是免不了的。

我们中国的古物，始终没有经过专门发掘者的有意发掘过，除了几次的农夫农妇偶然的发见之外，一切宝物都是废弃于地，不知拾取。且偶然的发见是绝对靠不住的，第一，不知古物从多少条的泥土中掘出来的，因此，我们便不能断定其时代；第二，给惯于作伪的古董商，有了作伪的机会；第三，同时被发见而农夫们视为不足轻重的古物，一定被毁坏了不少；第四，在许多次的偶见的发见中，其幸得为学问界所知者又百不过六七，其余的或为农夫们所随手抛弃，或展转的入于市侩之手，或为当地官吏所夺取，从此不再见知于世。所以，为了我们的学问界计，我们应该赶快联合起来，做有系统的，有意的，有方法的发掘工作，万不能依赖了百难一遇的偶然的发见，而一天天的因循过去。

谁要是有意于这种的工作，我愿执锹铲以从之！这不是一件小事；从本书的叙述中，读者大约总可以见到锹铲的工作，其重要为如何的了。

然而发掘的工作，原不是一件容易的事。我们不要希望一锹掘下来便可以发见一座古墓，一所古宫，这在发掘史上是难得一见的好幸运。许多的发见都是经过几月几年乃十几年的精锐的观察，辛勤的工作，坚忍的意志然后得到的。卡忒之发见都丹喀门乃是十六年工作的结果，舍利曼费一生精力去发掘推来城，至他死后，真的推来城方才为他的助手所发见。有一个发掘者，在埃及发掘了六七个礼拜，而发掘的结果却是一具猫的木乃伊！天下事的成功，靠幸运者少，靠工作与坚忍者多；发掘的事自然也不能外此。

本书并非一部完全的发掘史，本书所叙述者不过发掘史上几次更重要的故事而已。再，有史以后的古物的发见，如雅典的发掘，潘沛依的发掘，还有较为不重要的史前的发掘，本书也都不能叙及。本书的范围，乃是有史之前的古城古墓的重要发掘史。

范围既已说明，则请进而读本书的内容。本书后附参考书目，一则供给有意于读更详细的发掘故事的人的参考，二则示本书取材的来源。（但我所读的仅其中的一部分）

本书是极浅近的一本发掘史略，所以对于专门名词和古代人名，用得愈少愈好，以便读者的兴趣为那些难懂的名词和诘屈聱牙的古人名所阻挠。

郑振铎

中华民国十七年二月十二日序于伦敦

第一章　阿比多斯及埃及第一朝的陵墓

阿比多斯（Abydos）是埃及的圣城，每个埃及人都想能在生前去朝见一次，或至少在死后也希望能够一至的，或环境不能允许，则至少死后也要立一块石在这个圣地。穷人不能立碑，则至少要抛一块碎瓶片在这圣地。原来在阿比多斯有奥赛烈司（Osiris）的墓：奥赛烈司是地府的大神，人如能葬在他墓边则可得福；如果没有福气葬在附近，则建立一块石在这个大神的石阶上，或至少送一片陶器至圣地，也可得他的恩惠。

所以在埃及史的最早期，富贵的人都要在阿比多斯得一坟地。如果贵人必须伴国王的墓而葬，则他也要建一个石碑在这个圣地上的。在中世（Middle Kingdom）风俗还是如此，要人都要在阿比多斯建立一个石碑。这些石碑如今在各博物院中，可以找到不少。但平民们却止能有送一片陶器至圣地之力，所以经过许多时代，阿比多斯竟成荒芜不堪的瓦砾堆，各期各种的陶器都有。

在埃及史上，阿比多斯虽不重要，在宗教和文化上，阿比多斯却公认为一个重要的古址。所以许多埃及学者，早就计算到发掘这个圣地，以期对于古埃及的宗教与文化有丰富的收获。

圣城的发掘工作，和别的地方一样，乃由于伟大的发掘埃及的先驱者马烈特（Auguste Mariette）的工作。一八五九年，他清理锡提第一世（SetyI）的庙宇（以精美的浮雕著多），他还发掘拉美斯（Ramses）第二世的庙宇，在伟大的奥赛烈司庙内，也进行着一部分工作，却没有得到多大的成绩。然而马烈特却说到一个荒丘，名为科阿萨尔坦（Komas Sutan）的，道："无疑的奥赛烈司的墓，必在此不远。大约什么时候，总可以发见今所未知的至圣墓的进口。"他的话到许多年后，方才实现。在一九一年至一九四年，那维尔（Naville）继续皮特里（Flinders Petrie）教授和墨累（Murray）女士的工作，在四十五呎的斜道之底，发见一间大室，一百呎长，六十呎阔，以两行的方柱，分为三部分，由此室更至一较小之室，由它的雕刻上以及根据古代的记载，那维尔知道此即为著名的奥赛烈司的墓。那维尔所发见的实为奥赛烈司庙的最神圣的地方。

除了对于奥赛烈司圣地的注意之外，阿比多斯存在的建筑，乃为锡提第一世的庙宇和它的可惊诧的浮雕。墙上的浮雕有许多是最有趣味的；他们没有"古代"（Old Kingdom）的大浮雕的有力与新鲜，然而国王的形象和奥赛烈司坐在神座上的尊严态度，是极可赞美的。在锡提庙的左近，散布着不少他的儿子拉美斯庙的遗物。从前一定是一所很弘伟的建筑，如今却随地倾圮了。有的浮雕，可以比得上前王时代的，有的却粗率。

阿比多斯的建筑，虽弘丽而有趣，然到现在，他的重要却不在此，而在已被忘记的第一朝和第二朝诸王的墓的发见：这些墓经过许多年代，成为崇拜的目的，因此，更为隐晦而无人知道。然而到了今日，他们的宝藏却被发现，使我们向来以为传说中的非真实的埃及时代，一旦呈露出来：其文化之古远，非从前的悬想所可推测：即在此古远的文化上，已足见出其光华灿烂之概况，使我们实见尼罗河流域的文化是如何的古远而光明。如今且略述发掘的经过。在阿比多斯的诸王墓，既不美好，又不弘伟，不足引人注意；而到阿比多斯的人所注意的，仅为圣地及在其旁的后期诸庙而已。在一八九〇年之前，我们对于建筑金字塔者的以前的埃及王，仅知其名而已；实际上的埃及史，乃开始于第四代的建筑金字塔者：其上的三代，皆视为若有若无。一八九〇年后三十余年来，这个观念，却完全变更了；我们知道第四朝前之三朝的诸王，并不是想像的，幻梦的，乃是实有其人的；他们领率大兵，统一散沙似的南北诸小国：他们的国家，艺术文化都已是很发达的了。这个发掘的主地在阿比多斯，但也关连着发卡达（Vaqada），厄尔阿谟拉（El-Amrah）和发加厄得（Vega-ed-Der）诸地。

一八九五年，阿麦力诺（Am é 1ineau）开始在阿比多斯工作着，皮特里教授在一八九九年以后继之而从事于发掘，又有那维尔，荷尔（Hall）和皮特（Peet）诸人继其后，直至一九一四年为止。

第一朝至第三朝的诸王墓，故址在奥赛烈司古庙之南，较古庙更近于诸山。诸墓皆在山边，比平地微高，极为荒凉寂静。一八九五年至一八九六年阿麦力诺发见一群古墓，尸身睡眠式的侧躺着，膝头弯至胸前。在这些古墓中，发见原始的石瓶陶器等等。一八九六年至一八九七年，阿麦力诺又发见一所大墓，内有金属物等等，他相信这墓比第一次所发见的更古。他的最重要的发见，乃是第三次工作时掘出的一个国王墓：这个国王，他读其名为垦特（Khent）。阿麦力诺觉得这个国王一定是奥赛烈司垦替阿门替（Osiris-Khenti-Amenti），他一定是曾真实的在世上统治过埃及人的，因此，他便声言：他已经发见了“奥赛烈司墓”了。一八九八年，他找到了一个骷髅，这个头颅当然是那个死神的；不久，又发见一个青石的床，他便名之为“奥赛烈司的床”。他的发见，引起世人纷纷反对的议论；后来，经学者断定，知此非神的墓，乃是第一朝或第二朝的一个国王的墓：新帝国的埃及人，也和我们的发掘者一样，误以他为神的真墓了。阿麦力诺很失望的放弃他的工作，其实他的工作颇无秩序，大约被毁失的古物必不少。一八九九年，皮里特教授继他而复从事发掘。所得的较有成绩，工作更有系统。他们的墓往往是一个地下室，三十呎至五十呎高，阔亦相当。墓室以砖砌成。第一朝的登（Den）王墓，室内之地板为坚硬的青石，这是我们所知的埃及建筑家使用这种材料的最早者。第二朝的卡塞痕缪（Khasekhemui）的大墓，其中室全是石灰石的（石块）所建，这是人类史上所知的第一次土木工程。在中室之内，无疑的是已死国王的安身之所，室内堆了许多他所用的器具、饰品、钵、瓶，或为金属造的，或为坚石造的；在这早期，埃及工人已显出很可惊的技巧。中室四周都是小室，储藏着许多大瓶，中存食物或酒，用尼罗河的泥土和稻草混合来封闭瓶口，盖上王名，或酒的来处的葡萄园名，以备已死国王的地下之需。国王的臣属万想不到他们将国王之名印在瓶口上，乃竟留作六千年后埃及学者研究他们的历史的材料！这些印记在埃及史料上是很重要的资料。在这时代，埃及文明虽已进步至此，却仍不脱野蛮的风俗，将国王生前所喜爱的后宫杀来殉葬。到了“中世”之后，才用泥人来代替生人。但这些古王墓中，为劫墓贼所摧残，竟不能有主人翁的真实尸体存在着：所以我们在这些墓中，永不能见如见后来诸王的真面目。然而在则（Zer）王墓（即奥赛烈司墓）中，却发见了一只殉葬宫人的手臂，干骨上尚带着四个美丽的臂镯。

第三朝以上的诸王，并没有如第四代以后诸王的欲将他们的墓建筑得高大弘伟。他们心中尚没有将他们的墓成为一座石山的观念。然而后来，在第三朝之中，这种思想便渐渐的现出曙光。第四代后，遂将王墓形成了世界巨观的金字塔。

在这些古王之墓，虽没有动人惊诧的大发见，然而最大的发见则为：埃及古王，在纪元前四千年以上的，并不是虚无的，那时代也并不是没有文化的，他们的文化已经是很高的了。这便是阿麦力诺发掘的真实价值的所在。

第二章 梦 城

在尼罗河旁，在开罗（Cairo）之上一百六十哩，在底比斯（Thebes）之下三百哩，有新月形的平原。一边是高山，一边是尼罗河。河边有一带可以垦植的地。山旁为一片黄沙，除了几个亚剌伯人的小村落之外，现在已一无居民，止有地上散躺着古代遗柱残石，似若告诉我们以前这个地方不是没有过光荣的历史的。在这地方，曾有一名王，先时而出，欲以其宗教的理想感化世人，然而为时过早，他的理想却终于失败。这地方是研究埃及史者最有趣的地方。在黄沙之下，发掘者曾发见宫殿，庙宇，及房屋的遗址，在岩上，还有这位国王叙写他的"梦城"的界限的刻文，更有他为宫人们预备而未曾应用过的美好的坟墓。还有人因掘砖而发见一些书简，使研究古代东方的人，得到历史上的大转变点。

这地方，现在名为忒尔厄尔阿马那（Tell-el-Amarna），在古时，却名为阿克塔腾（Akhet-aten），是著名城市，本应受得较好的运命，却终于荒芜废圮。

约当西元前一三七〇年，有一国王由底比斯沿河而下，这是阿门和忒普（Amenhotep）第四世，埃及第十八朝的名王中最后的嫡系子孙。第十八朝使埃及成了“世界帝国”，阿门和忒普第四世的命运虽不幸，却是这些名王中最伟大的。他的御舟登上了岸，即在这背山面水的所在，建设他所梦想的新城，一面在岩上砌入巨大的碑文，表示这新城的边界。于是这新城，便如为魔法所变成似的，在黄沙上建立起来了；宫殿、庙宇、房屋、市场，一切都全；这国王在此建都约十二年：然后死亡，他便离开这未能与他理想适合的世界，而这座美丽的城市，不久便倾颓了。自他建城后，不到二十五年，这理想的城便成豺狼鸮鸟之巢穴。他死后，不葬在这“梦城”之中，却葬在他所憎恶的底比斯。他去了，梦城也便去了。自此以后，此城便空无人居。今所见的，仅几个阿剌伯人的孤村而已。一个城市的忽兴忽灭，从没有这样快的。这座梦城的创造者的父亲，阿门和特普第三世（西元前一四一一至一三七五年），像亚述的亚述本尼巴或法国的路易十四一样，在他们的身上，集合了他们种族的一切的光荣，勋业功名，世无其比，到他们一死，光荣却跟着熄灭。第十八朝的诸王，能征善战，建立埃及大帝国，由尼罗河而至幼发拉的河。所有叙利亚（Syria），巴力斯坦（Palestine），爱西屋皮亚（Ethiopia）诸地，都按时朝贡，不敢有懈。即巴比伦帝国的王也畏惮他。他娶一个阶级较低的埃及妇人，是游阿（Yuaa）和他的妻条阿（Tuau）的女儿。她的名字是替易（Tiyi），她的权力极大。他对于她，言听计从。她引叙利亚的风俗习惯到埃及王宫中，尤其是宗教观念。在那时，宫中信奉的大神是阿门（Amen），这神原是底比斯的城神，后来才升为主神的：王后替易一来，却又改而信奉旧时的主神日神。他们结婚后二十五六年，生一子，即阿门和忒普第四世。他深受母亲的影响，信奉新神。后来，他却有一个坚决的新信仰，要信奉一个“一神教”，新神虽仍为太阳崇拜的形式，其实质却并不是旧时的，他母亲所崇拜的旧神，乃是抽象的神：他不是一城之神，一国之神，乃是世界之神。这是世界上第一次的一神教的运动。然而为时过早，反对者纷起。阿门和忒普第四世不顾一切，坚信不移。在他即位后第六年，便宣告以“阿腾（Aten）崇拜”为国教。而底比斯却是旧教势力的集中点，他便决心迁都于梦城，以实现他的理想。两年后，新都告成，他便迁入。他死后，他的忠心的臣属，却匆促的秘密的将他葬于王谷的他母亲的墓中，那时，他母亲已经躺在那里长眠着。一座砖建的大宫，是新都的主要建筑。在宫中，到处都可见到这位少年皇帝的爱好自然和国家的和平生活。在一个厅中，尚可见一幅图画，写的是一池澄水，中有游鱼及盛开的荷花：水池边饰以水草及开花的小树，小鸟在飞着，牛在吃着草。此外，尚有人物；皆可见其画法之自由活泼。阿腾的大庙，即在宫旁。这庙的建筑与向来埃及的庙式不同。埃及的古庙，大都光线幽暗，给人以朦胧神秘之感，阿腾庙则随处皆光亮，没有隐藏，没有秘密，一切都是简朴，直捷，公开。这也是反古的一个大革命。但在几年之后，埃及帝国却崩坏了，这位皇帝便郁郁死去；而他所建的圣城，也都随之消灭。旧势力一天天的重炽，阿克塔腾便终成一个荒墟。

阿克塔腾梦国的遗址之所以复见天日，其故事说来也是有趣。一八八七年，有一农妇，和她的邻人们一样在这座圣城的遗址上掘取砖块，掘到了一座小室，中藏几百块的泥版，上刻楔形文字。这些泥版，后来转运时破失不少，至今仅存一部分。当时大家都不知注意。后来，这些泥版到了英国及柏林诸博物院，乃知其真实价值，有好多年不曾有过这样重大，这样惊人的发见了。然而这发见却不是由于有意的发掘，而是由于偶然的机会，被发掘于一个无知识的农妇之手。这间房子，是王宫的外交处，这些泥版是他父亲和他时代的外交文件。从这些文件上，可以看出这位少年皇帝的理想，所以终于成了一梦，埃及帝国所以当这位皇帝正在编著颂歌传布新教时土崩瓦解的原因。当他即位之后，叙利亚领地上的南北二部，便已不稳。但阿门和忒普第四世却正醉心于新教的成立，置边臣的告急于不问。于是事变一天天的重大，而他祖先所辛苦缔造的埃及大帝国，便终于分裂。同时，国内的反对党正可借这个机会肆行攻击他，说是大神阿门给他的责罚。

在一九〇七年时，一个美国的发掘者大卫斯（Theodore M.Davis）他先已发见权力至大的王后替易的父亲游阿与条阿的墓：这墓经过许多年代，并未被人发掘过。这时他又在底比斯的诸王谷中，发见第十八朝一个王家的墓。在墓中发见一个棺，置棺的狮足石床，已经塌坏，所以棺被掷在地上，棺盖也斜开，可以看见棺中骸骨。这副骸骨裹以薄金叶，在棺上的刻文里，称为"美丽的太阳之子"，这当是阿门和忒普第四世之墓了；然而在神坛上，又刻着："这是国王阿克塔腾为他母亲替易所造的。"美丽的瓶盖上，雕刻着一个人头，可以说是女人，也可以说是男人；而在墓中所发见的器用，则确为属于一个女子者。因此，这墓似乎又当然是王后替易的墓而无可疑的了。大卫斯因此宣言他已经发见王后替易的墓与木乃伊。他们将这具木乃伊送给专家检验。专家说道："这是一具少年男人的骸骨，不是一个老妇人的。你们的这副木乃伊难道不是在那个墓中所捡得的么？其中必有错误。"其实，并没有错误，这骸骨确是少年皇帝阿门和忒普第四世的，他死时方才二十八岁，这由棺上刻文可知。后来，据学者解释，阿门和忒普第四世死后，原系埋在他的神城中：后来这城荒芜了，几个忠心的从臣，便将他迁葬于底比斯；但因在底比斯没有给他预备墓道，所以便匆匆的葬在他母亲的墓中。但他的反对党还不甘心于他，所以便开了墓，将他的尸上棺上刻的名字都涂抹去了，王后替易便也改葬于他处，独留他的无名的尸身放在这墓中，直至三千年后，方为人所发见。这是很完满的解释。所以，在一个老年王后的墓中，会发见一具少年男人的木乃伊的疑问，便自此解决了。

第三章　底比斯城及其死城

在古代东方所有遗址中，埃及是最富于伟大的过去与遗物的地方；然而说到埃及的发掘史，却又是无系统的。许多发掘埃及的人，都是为自己的利益或增加国家的财宝而工作着的；他们的目的，是劫取古埃及的宝藏，并不是作系统的研究；许多收藏在欧洲诸大博物院里的，都可以写上道："偷来的东西。"至于真正的发掘，为学问起见的发掘，在十九世纪的初期，却未之前闻。第一大劫盗者，当然是拿破仑；他在一七九八年至一七九九年，得到不少埃及宝物，使全世界都注意的暗想道："原来埃及是宝物遍地的地方。"自此以后，许多的埃及古物收藏家，其所有都是且骗，且夺，且偷的成绩，其卑鄙不下于小偷，其强暴不下于海盗。因此，他们仅知注意于宝物，注意于著名的雕刻与可欣羡的东西，其中视若不值高价的无价之宝，可供学问界之重要资料者，不知丧失多少！

直到马烈特氏之时，方是埃及学光明的开始，方是用科学方法发掘的开始；而他的努力，不自私的努力，实创造一所开罗博物院。这是世界无比的最伟大的过去历史的宝藏。他是站在强固的为古物而工作的立足点上，不是为宝物，不是为自己，或为他的国家。他在古代埃及的研究上，是极有功绩的。

埃及古文化的中心点是底比斯（Thebes）。底比斯成为埃及的首都，是比较后来的事。“古代”（Old Kingdom）的都城，是在今日开罗附近；而到古代之末，当第九代第十朝之时，都城渐向南移，约在开罗之南七十哩的痕门秀腾（Hemen Suten）地方。以后又几回迁都。直到第十八代，底比斯方崛起而为埃及帝国的中心。自西元前一五八〇年至西元前一一七〇或一一六七年，底比斯恒为埃及光华的焦点。拉美斯第三世（Ramses Ⅲ）死后，这名城的运命，便一落而不复兴。第二十一代后，又另有都城。自经亚述军队的攻陷，底比斯益不可问。其后亚历山大里亚（Alexandria）城代之而兴。但在新帝国的全盛时代，底比斯必是古代世界上最光荣的花城。一座弘伟的城，由尼罗河畔，直到东山之下，占满山河间的大平原，王宫建在中央，还有卡纳克（Karnak）和卢克索（Luxor）两大庙耸出地面，雄视一切。在西方，河的对岸，是寂寞的死城，也是伟大的庙宇相望于道，而诸王的墓则深藏于地。在其南，则有阿门和忒普第三世的西宫。

在这所大城中，居民的房屋与宫殿，至今已一无遗迹可见。他们的宫殿居宅，不是用耐久的材料建造的，这些建筑不久便为风雨所侵，化成一堆泥土的荒丘。所以底比斯的遗址，不是帝王的宫殿，也不是平民的住宅，乃是埃及人所称的“永久的居民”，即他们的神庙和他们的死宅。今日的底比斯，不是古城，也不是生人之地，乃是庙与墓的城，寂寞的神与鬼的城。有的是不朽的诸大神的庙宇和统治一时的诸国王的庙宇，有的是全世界宝藏最富的王墓。现在先叙古庙，这些古庙遗址尚散在地面，无须发掘的；其次讲到古墓，近五十年来，这些古墓为专门家所发见清理，得到不少研究埃及古代艺术、文化、宗教、历史的材料。

讲到古庙，第一使人注意的，当然是卡纳克庙，因为是底比斯最古的庙，最伟大的庙，是底比斯神庙中最重要的，且是世界上最弘巨的遗址。我们直不能形容它有如何的弘大；说他实际上的庙宇有一、二〇〇呎长，三三〇呎阔，至其庙址则有一、五〇〇呎长，一、五〇〇呎阔，也止能给我们以它的占地阔大的印象；或换一句话说，说它庙宇占地四〇〇、〇〇〇方呎，庙基占地二、二五〇、〇〇〇方呎，则更以数字迷人而已。试以他庙比较一下：罗马（Rome）和米兰（Milan）的两个圣彼得寺，巴黎的圣母寺，这世界著名的三大礼拜堂并合起来，方才比得上卡纳克的实际的庙殿。说到庙基，则更要多取好几个礼拜堂来加入。巴黎的圣母寺止够放入卡纳克庙的一个大厅中，这个大厅还不是最大的。卡纳克庙在埃及古庙中并不是最古的；它为第十二朝诸王所建，然此古址已经不大可见：今所见的是第十八朝第十九朝的工作，大约不会早于西元前一五八〇年，在埃及算是比较近代的建筑。第十八朝的兴起，卡纳克便跟了兴起。这时，名王叠出，征服各地，劫夺许多宝物归来。卡纳克庙渐次增修扩大；巨大无比的石幢石柱等等，至今有一部分尚耸立在那里，为世界伟观之一。到第十九朝时，卡纳克庙的光华弘丽才达到极点。在正庙外，尚有别的庙宇及圣池等等，使卡纳克不仅成为庙宇，而且成为宗教的城市。

同在底比斯的东城，别有一所大庙，即卢克索（Luxor）庙是。这座庙的弘丽，仅次于卡纳克庙一等。这所大庙的建成，不似卡纳克庙之用屡代的力量，乃全由于两个名王阿门和忒普第三世与拉美斯第二世的力量。阿门和忒普在一所古庙遗址上，重建卢克索庙，其壮丽远过于前者，足使它暗然无色。到阿门和忒普第四世压迫旧教时，这庙的工程，当然放弃不复顾。第十九朝的王，又信仰旧日的底比斯神，于是卢克索庙又加增大。卢克索庙有八五〇呎长，仅次于卡纳克庙：而卡纳克庙是以一千七百年的力量造的，卢克索庙的建成，却不过二百年而已！

现在要叙到底比斯西岸的古庙和古墓了。底比斯东岸是神的城，以卡纳克庙及卢克索庙为中心，四周还有许多小庙：但在尼罗河西岸的建筑的弘伟不减于东岸的，却不是神城，而是死城：且较神城为更有趣味而重要。神城以露在外面的伟大建筑见称，死城蕴有无穷宝藏，等待后人的发见。死城里王墓相望，王庙相属，雕刻纪念柱相属于道。我们想当年埃及人一定有一个口号道："向西去。"因此，西岸便成死城，寂寞的死城。沿尼罗河西岸的诸山，如蜂窝似的，总有数百哩的墓。这是从那些古墓中所发见的艺术、文学的宝库以及日用器具等等，使我们得到许多的关于埃及人的生活与历史的知识。没有一处地方，曾使发掘的工作有那样丰富的报酬，也没有一处地方，曾使发掘的工作有那样有趣，那样有声有色的发见，像这尼罗河西岸底比斯的死城中一样：在死城之中，"王谷"（Valley of the Kings）尤引人注意，为死城的精华所在；许多时代最伟大的埃及皇帝，都葬在其中。且有许多王庙，建立于其间。王庙至今尚有几座保存得很完好，可使我们约略见其光荣的成绩的；在底比斯西岸的河与山之间，凡二哩长，一哩半阔的地上，王庙几乎遥遥相望。但如阿门和忒普第二世，第三世，托司米兹第三世（Thothmes Ⅲ）诸人的庙，则几乎完全残废，止剩下庙址而已。至于如锡提第一世（Sety I）诸人的庙，则幸而保存得很好。最使我们惋惜不已的乃阿门和忒普第三世的祭庙的失去，他是底比斯诸王中最光荣的；它的遗物，如今止剩得两个大石像，尊严而寂寞的坐在那里，双手放在膝上，永久双目凝望着对岸的日出。然而它的遗址虽止这一点存在着，它的弘伟却可由此而想像得到。这是西岸死城里最重要的古物；除金字塔和卡纳克庙之外，便没有东西可以更使埃及游历者有深刻的印象的了。他们站在那里，或不如说是坐在那里，至今尚有六十五呎高；如当年的冠不曾遗失而尚在他们的头上，则当有七十呎高；他们皆由一块大石雕出，重七百吨。那是三千三百年前的工作！在阿门和忒普的废庙之后，至于麦楞塔（Mereuptah）和托司米兹第四世的庙址的东北方，站着拉美斯第二世庙。这庙近年来曾经启柏尔（J.E.Quibell）完全发掘过，也是一所美丽的祭庙。在庙的前厅，立着一尊巨大红花岗石的拉美斯第二世的坐像。除皮特里（Petrie）在一八九四年发见的一尊雕像的零段之外，这尊像可算是埃及石匠所造最大雕刻，且可说是世界最大的石匠的工作。肩阔二十二叹四时，耳长三呎半。全像重约一千吨。拉美斯庙之北，又是两所大庙。著名王后哈次瑟萨（Hatshep-Sut）的庙，先为两个法国人将其弘伟之状，介绍到欧洲，然后，又由马烈特诸人，将埋入沙中的部分发掘出来：这所庙是埃及建筑的一个无比的例子。拉美斯第三世的庙，在麦第涅特阿部（Medinet-Habu），也很可引起注意；他是埃及名王之一，且是最后的以武功见称的皇帝之一。这庙保存得极好；且有许多图绘战争情形的浮雕：这些浮雕写拉美斯攻打的种族的面目极为真切，尤其是那海战图，写他的海军战胜敌军之事，乃是古史家无价之宝，且它又为世界第一幅存在的海战画。但在艺术上讲来，这庙的建筑等等，已是埃及艺术衰落期的作品，不甚可观，然其在历史上的价值则极大。

现在离开死城的王庙，而叙到王墓的发掘史。这都是动人听闻的故事。王谷在斯特累波（Strabs）氏时代，他曾记载着说，有四十墓值得一游；但到拿破仑发掘的时候，却止有十一墓为人所知。然至今日发掘的结果，知王谷中的王墓，已知者实在五十所以上，未知者有待将来的发见。

柏尔磋泥（Belzoni）氏所发见的，至今仍是王谷中最精美的墓。他的发掘工作，开始于一八一七年十月。几天之后，他已发见第一墓，墓中有好些精美的图画。几天之后，他又发见第二墓。在开始工作后的第十一天，他发见“足以酬他所有研究辛苦而有余”的大墓。这发见实足以使他百端夸耀而无愧。他说道：“这墓给世界以新鲜完美的埃及古物的范型，堪视为超出从前所得的东西，无论在规模上，在弘丽上，或在保存上，他们保存得正如我们进墓时方才完功一样。”两天的工作，使柏尔礎泥进了大墓的门口；十月十九日。他便很有幸福的在地下的仙国中徘徊着了；他由这一室走到那一室，最后找到那名王的棺椁。然而木乃伊却不在此，这有待于后人的发见。那名王是谁呢？便是锡提第一世（Sety I）。原来第二十一朝的祭师们，见他们无力反抗劫墓贼，便于纪元前一、一〇〇年左右，将诸名王的尸体迁藏于秘密的地方。这地方的发见，即在下文叙及。

一八八一年时，有一掘墓贼，向开罗博物院自首，率领他们同至他所盗掘的墓地。这地方正是诸名王尸身的隐藏处，锡提第一世的木乃伊也在此。这是最可纪念的一日。在埃及史上异迹虽多，却总没有在那天，博物院的汽船到底比斯将许多名王的木乃伊都运去，而妇人们在两岸哭着，男人们则在放着他们的枪，似若几千年前的名王的木乃伊，和他们尚有密切的关系一样。

一八九八年，罗勒特（Loret）在王谷里发见阿门和忒普第二世的墓，这墓差不多没有什么损坏。劫墓贼诚曾到过墓中，毁坏一点东西，然而这位名王的尸体，却仍完好的躺在那里，而他的棺边尚放着一张名弓，他所自夸为除他之外没有第二人能使用的名弓。在这墓中，也发见好几具埃及王的木乃伊。罗勒特并不曾将阿门和忒普搬到博物院，因为博物院预备放在原墓中，供游人参观。“墓中点起电灯来，所有的主要的墓，也是如此。棺头上有一盏电灯；当一队游客沉默的集合在墓中时，所有灯光都熄，然后棺头的那盏电灯放亮，表现出这国王的头部独罩在灯下，而四周却是黑漆漆的。这是不可言说的凄怖与动人。”

一九四三年时，美国的发掘者大卫斯（Davis），开始在王谷中发掘，他的成功与所得的报酬，没有一个人能及之。自一九〇三年至一九一二年之九年间，他继续的发见王后哈次瑟萨墓，托司米兹第四世墓，以及和棱赫（Horemheb）墓等，此外尚有两个更大的成功与发见；第一个在埃及艺术上有重要的贡献，第二个有关于在埃及史上最有趣的一个人物的生平的结局。

一九四五年二月，大卫斯发见一座不大引人注意的墓，没有一毫雕刻或绘画的饰品。不意这简朴的墓中却为储藏埃及艺术与工艺的最丰富的宝库。这墓是游阿（Yuaa）和他的妻条阿（Tuau）的合葬处，他们是阿门和忒普第三世之后替易的父母。他们见了古物满处的墓室，见了三千年的古人的形骸，不禁静愕的站住了，器具中最可注意的是三脚臂椅，雕刻精工，饰以金色。一张椅子还有一个垫子，保存如新，至今尚可坐在上面。还有许多石瓶，有一个瓶中，储有液体。还有许多工致的箱匣，散置各处，有的是有脚的，还有两张舒适的床，还有游阿生前所乘的轻车。所有的东西，都放射闪闪的金光，丝毫不曾为灰尘所染。那些器物，虽是三千年前的，却仍像是昨日的。到了一九〇七年正月，大卫斯又发见一个名墓，这是他成功的顶点。他那时正在靠近第二十朝的拉美斯第二世的墓边一个地基上发掘。这地基遍覆以细石，看不出其下会有墓室。大卫斯坚执的要掘下去，在数日之后居然发见一道石级，尽处是一扇室，开门进去，是一条甬道，尽处为三千年前祭师们所封闭，直至今乃为大卫斯所开发。他们直如进了《天方夜谭》中的宝洞。黄金在地上和墙上闪闪放光，这些金子如新出炉似的光亮。这墓是王后替易的墓，而伟大的少年皇帝阿门和忒普第四世葬在其中者。这事的原因，在上边已经说过，现在不必再叙了。

以上是王谷中几个最著名的发见。但古代底比斯的王墓，并不是唯一的底比斯“死城”的遗址，而使她能与“生城”同其重要者。更有好些私人的墓，其绚丽也不下于诸王墓。有一个墓，是皮雕阿门阿普特（Pedu-Amen-Apt）的，比任何王墓都伟大，共有八七〇呎长，而锡提第一世的墓不过三二八呎长而已。更有许多私墓，是以装饰华美见称的。这种岩墓的建造与装饰，当是当年底比斯的大职业之一，要用到的是建筑师，土木匠，雕刻师，绘画师。而在这些装饰的图上，我们可全看出当年埃及帝国的风俗人情。

在私墓中最动人者是涅克特（Nekht）的墓；他生在第十八朝的初期，是底比斯的绅士。墓室有二间，仅第一间有壁画，保存得极好，画的是涅克特和他的妻的日常生活，农园工作，及渔猎之状。涅克特墓也许是底比斯诸墓中最为人所熟悉者，因其壁画曾再三再四的制版覆印过。勒克马剌（Rekh-Ma-Ra）墓，保存得没有他好，却更重要，他是托司米兹第三世和阿门和忒普第二世时的首相。有一幅表示首相接受各国的贡物的情形，其中有从希腊海岛克里特（Crete）来的使臣特别可以注意，这乃是海王国的使臣！

古时对于埃及的意见，每以为她是一个隐士似的国家，不大和人来往，自在其领土之内，发展其可惊的文明的。然而经过近世的实际考察之后，乃知这观念是不对的：古代诸国交通频繁远出于我们空想之外。在克里特曾发见埃及的指环，在刚才所举的埃及首相墓画中，也见有克里特使臣的形貌；此可见两种古文化，尼罗河的与爱琴海的，并不是孤立的，乃是常有来往的。更有证据，在大建筑家及首相森马特（Senmut）的墓中见到。这墓早以为人所知，后又为人所忘。在它的壁画上，我们又见到克里特的进贡者，手捧或肩荷着巨大的金银杯，以及金和银的大口水瓶，正和伊文思（Sir Arthur Evans）所发见的一样，还有一个大铜瓶，四边有四个圆环。而克里特人的妆束则正是迈诺斯式的衣冠。这又是尼罗河与爱琴海文化相交通的证据。

第四章 都丹喀门王墓

埃及诸王墓在许多年代来，已经陆续被盗贼，或文明搜劫家，或埃及学者所发掘；在静寂的底比斯死城里，几乎是地无蕴宝的了。突然的在一九二二年十一月，却听说卡忒（Howard Carter）又发见都丹喀门（Tutankhamen）墓，且发见的乃是财宝遍地，未被盗劫的原墓。虽然都丹喀门并不是伟大的王，墓室的规模，不能及锡提第一世等等，然而当卡忒刚发表其发掘所得的三四财宝的真相时，已经震动一世的耳目！“都丹喀门墓”的一句话，几乎妇孺皆知；埃及文化的涉猎，突然又盛极一时；许多年来，没有这样的一个惊人的大发见的了。

这大发见，并不是机缘凑合的侥幸的发见，乃是经过千辛万苦的收获，值得在发掘史上留纪念的。尽有幸运的发掘者，初下手便得到极好的结果，满载宝物而归，然卡忒则没有这样的好福气，他找寻都丹喀门墓，已经不是一年半载的事了。他的名字早已为埃及学者所熟悉，他的半生精力，也都费在古代的埃及和她的宝物的解释上。他的雇主即合作者卡那赍（Lord Carnarvon），收藏埃及古物至富：卡忒和他合作，在尼罗河西岸工作着，已有十六年之久，而在底比斯死城中的工作，也在九年以上。这许多年的工作，可以总说一句话，是：费力多而成功少。除了旧瓶断像，小件古物之外，他无所得；然到一九二二年秋天，他们十余年来的苦工，却得丰富的报酬。有人说道："自此以后，死城中的财宝，恐怕真要涸竭了。"卡忒在某处发掘着，移去了十五万至二十万吨的泥土，发给黑人不少工资，而毫无所得。然而在一九二二年十一月五日卡忒却在拉美斯第四世的墓下，见到一个就岩石刻成的石级。他费一二天的工夫，将石级逐级发掘出来，最后到一座墙，封以灰泥盖上皇墓中所常有的印记。他立刻知道他已经寻到一个重要的墓。他又封闭石级，打电报叫他的主人卡那赍立刻到埃及来。他到时，门又开了。在各种痕迹上，看出这个墓门，在古时似曾为盗墓贼一度到过。他们恐怕近代的盗贼，又要追步古代劫贼的前踪，于是墓边便有许多兵士警察和工头日夜看守着。从头门到二门，是一条甬道，约有八米突长。卡忒将墙石拆去几块，用烛光去照见门内的东西。在他后面的是一群的合作者，焦急而热激的在等待着。最后，卡那赍等得不耐烦了，问道："里边有什么东西？"卡忒心里非常的喜悦，因他已见到不少的奇物：口里却徐徐的答道："这里有些奇异的古物。"其初，他在朦胧的烛光之下所见的，和大卫斯在王后替易墓中所见的一样，是一片眩目的金光。然后，渐渐的金床、椅子、各式各样的箱子，逐渐的可见。那样多的葬器，是任何墓中所不曾见到的。过了一会，墙洞掘得大了，那些发掘者便进"宝库"之中，带进一盏电灯，仔细欣赏他们所得到的奇物。靠在墙上的是两具和生人大小相等的饰金的木像。地板上拥挤着各种床、车、箱、瓶，还有美丽的手杖，还有各种食物，预备死王在地下用的器具。最可注意的是一张龙座，本身是木的，遍饰以黄金；在椅背上，有这位国王和他的王后的像，用许多宝石及半宝石铺砌着。光彩绚耀无比。这龙座显然是都丹喀门生前之物。在室中，没有尸棺的踪迹，不久，他们便明白这不过是墓中的前室而已，更有他室等待着去发见呢。在大床之下，寻到小洞，由那里可以进到他室，这是副室。两个立像间又有一门，可通他室。然而这二室里的宝物已极丰富，搬移为难，且须加意保护，防在无意中受有损坏。所以便暂不发掘第三室，而先着手清理第一、第二室。他们将锡提第二世的空墓，当作储藏室，先将宝物移放过去。在第二年的二月，两个立像间的墙便又被发掘。而都丹喀门的真正的棺室，便可见到。棺室并不大，止有二十呎长；壁画看来，也不见得很好，然其棺椁则极华美，比任何王墓中的都更好；长有十六呎，阔有十二叭，所以几占满一室，它与墙之间止剩下一点空地。椁上饰以金，饰以青色。它的东头有两扇坚门，用铜条严锁着。外椁的门开时，又发见第二椁，在这二椁之间，散放着许多珠宝。在棺室的东墙，尚有一门，未曾封锁，这门内是一小室，也放着不少器物。这室内最可注意的东西，是一座方坛，四周有四位女神的像保护着，她们伸开双手抱着方坛，而她们的美丽的脸。则回过来，似憎恶的望着三千三百年后闯入墓道，破坏他们尊严的发掘者。这个方坛乃是储藏死王的脏腑的，他们分藏在四个小棺内，形与大棺全同，且更华美；小棺之外，是一个石瓶，瓶上盖以都丹喀门的半身像；然后又是一个外棺，棺之外，再是一个外椁；椁外即为四位女神伸出两手所保护的。女神姿态的柔美、雕刻的工致，在埃及雕刻上，尚没有发见可以与相比的。

天气渐热，墓道便又封闭。在一九二三年秋以后，他们便又进行清理棺室及其后的附室。他们的报告，描写每一件宝物的，差不多都足使世人耳目为之一新。

都丹喀门是上文所已提到的大宗教改革者阿门和忒普第四世的第三女婿。继续阿门和忒普第四世之后而即位的（其间尚有一位国王，是阿门和忒普第四世的大女婿，但其在位，不过数月而已）。他初在他岳父的新都阿克塔腾登极。但后来，他和他的妻却没有阿门和忒普第四世的坚毅，竟反抗不过旧教徒的劝诱与胁迫，不得不放弃新都，而迁回故都底比斯去，而他们便改而崇奉旧教阿门，而将他自己的名字改为都丹喀门，即“阿门的活像”之意。他在位大约不过九年：其他史实也不大有可靠的记载，仅知阿门和忒普第四世所失的威权与帝国势力，在他的时代，又恢复一部分而已。然而他虽不是重要的国王，他的墓却供给埃及学者以无穷的宝藏。

第五章　巴比伦南部的城国

现在的巴比伦是古代这地方的首都与文化中心，经历许多年代的光荣伟大的历史。它是一片沃土，为幼发拉的河和底格里斯河所造成的沃土。他们的地域在北方的名为阿卡德（Akkad），其文化中心为阿卡德，奥匹斯（Opis），巴比伦等；在南方的名为秀麦（Sumer），其名都为拉加士（Lagash）、吾珥（Ur）等。在南北之间，有圣城尼帕（Nippur）。自一八八八年以后，美国宾夕法尼亚大学曾在此继续发掘，得到不少重要的古物，足以为古代巴比伦文明与宗教的佐证。古代巴比伦，文化中心在南部，所用文字也是南部的秀麦文。讲巴比伦的文化，止能从秀麦的文化讲起。自四十余年来，讲古代巴比伦与秀麦的历史者，皆根据于巴比伦最后一王那波尼达斯（Nabonidus）的圆柱上的记载。由那里可见巴比伦的文化，较埃及为更古远。据学者们的断定，巴比伦人定居于此，当在西元前六千年至七千年或更早：又说纪元前五千年，“城国”遍布于巴比伦南部。然据近来更确切的研究，其年代似应缩短一千年以上。

秀麦的模范城国是拉加士（Lagash），这城自始至终，维持其纯粹的秀麦式的城市。拉加士的兴起，在秀麦文化曙光初露之时，拉加士的灭亡，则不会在第一巴比伦朝代的兴起（即西元前二二二五年）以后。

拉加士的古址，在今所谓忒罗（Tellô）的荒丘上，那地方。半年是沙漠，半年是泥泽。这座荒丘长约二哩半，阔约一哩又四分之一。忒罗在很早即已为古物不少的所在，阿剌伯人常来采掘，发见不少刻有文字的砖与圆椎体。一八七七年，法国驻在巴士拉（Basra）的副领事萨则克（M.Ernest de Sarzec）氏，也注意到这荒丘，立刻和土尔其的长官交涉发掘的事。同年，他便从事发掘，自此至一九〇〇年，得到不少古物，发见最古的秀麦居民所成就的光荣的文化与艺术。萨则克的工作，可分为三时期。第一时期是试掘，约阅一年，这时是费在决定全部荒丘的性质；第二时期，大部分费在到法国征求政府的帮助与同情，然后又回到忒罗，进行发掘帕提亚宫（Parthian Palace）。这时期约阅一年。他和他的妻同在那里，结果极为完满；不仅完全发见那大宫，且得到古代秀麦的艺术品不少，其中最重要的，是一群雕像。第三时期，是中断而又继续的四次发掘；在那时期，他发见雕刻与刻文，时代更古。萨则克死于一九〇一年，发掘工作因此突告终止。到一九〇三年，又由克洛斯（Gaston Cross）继续进行。他的主要的发见，是一个建于纪元前二四五〇年的城墙；这墙是城中著名的“教王”（priest king）究第阿（Gudea）所建。墙厚三十二呎半，有几个地方，至今仍有二十六呎高。

萨则克的主要发见，是两大烧泥圆柱，也是属于究第阿的。这圆柱长二叹，直径一叹，其上刻有约两千行的早期楔形文字。更有著名鹰柱，在那里记载着古代拉加士名王伊那坦（Eannatum）的战功；还有许多的雕像精美的银瓶，几千块刻有文字的碑板等等。有一块泥板记载着一个伤心的拉加士城民，或者是一个拉加士的教士，悲痛他的城市之为邻邑安马（Umma）所陷，呼吁上天降罚于安马的“教王”。

自尼尼微（Nineveh）的发掘之外，没有一次发见比这次迦勒底（Chaldea）的发掘更重要的。究第阿的雕像，在艺术上看来，虽不能和尼尼微发见的有翼的狮与牛及许多精巧活泼的描写战争、宴会、打猎的刻石相比，或和埃及的巨大雕刻相比，然却比别的在美索不达米（Mesopotamia）地方所发见的东西都重要。且拉加士所发见的浮雕，在艺术上虽不能与尼尼微相比，因为他们是粗率的、原始的，而尼尼微所发见的浮雕则为精美的、进步的；然在真实价值上，我们却比尼尼微派的浮雕更重要更有价值，因为他们将亚述未曾为人注意之前即已成了老大的古民族的形貌、衣服、器用、风俗、习惯，都表现出来；而他们的文化，乃是巴比伦文化的根源，亚述的文化，即完全掳劫他，而带到北方去的，他所增加了极少的东西进去，或竟至于无所增加。在拉加士以及其他城市的秀麦人乃是世界史上最有创造力的人民之一，他们的久被忘记的工作，今虽仅发见其一部分，然已可证明其为人类文化的础石。萨则克在忒罗的工作，不仅给我们以比野蛮的光荣的亚述人更有贡献于人类的民族的图画，且更给我们以理想的社会，值得与大帝国的理想相比敌的，即所谓“城国”者是。这种城国后来在希腊曾放出更灿烂的光华来；雅典和她的不可及的光荣与文化，即是一个登峰造极的例子。而这种城国，巴比伦的拉加士和左近诸城即已树其基。原来古代巴比伦文明的特质，即在巴比伦人的一个社会，一个团体，其单位不是一个国家，却是一个城市。这种城市由一个人所统辖，或可谓之国王。或可谓之“教王”，因他同时又是一个“城神”（city-god）的最高祭师。对于这城神，他和全城的人民都是他的奴隶。城墙之外，环以膏腴的土地。这样的城市，足以自给，足以安生乐业。城内的组织，在纪元前三千年，已是很完备的了。在城市的中央，有一所城神柠季秀（Ningissu）的大庙和高塔；

国王所住的宫殿，又是一所大厦。此外，更有好几个较小的庙宇是拉加士的别的神祇所住的。全城围以砖墙，高而且厚，城墙上各有堞楼，有坚门与城外通出入，日出而启，日入而闭。农人们在开城时便出城外工作。当拉加士或相类的城国，人口日多，势力日益扩充时，城外的土地便不能不日益扩大，以应城内增多的人口的粮食。因为领土的扩充，于是与别的城邑便生利害冲突，而战争以起。

我们在萨则克所得的鹰柱上，完全见到当时的两个城国因争地而战的情形。拉加士因与邻邑安马（Umma）争夺一块土地，各不相让。在鹰柱的第六行，城王伊那坦自叙战功，告诉我们说，安马的教王受了他的城神的命令，要来争夺拉加士的土地。伊那坦不动声色的集合他的战士，在城外等待他们。城神柠季秀答应他说，这次战争必定获胜。这次战事的结果，拉加士军果然得大胜。伊那坦完全摧灭敌军。他记载着说，共杀敌三千六百人（或据别一个学者的解释，是三万六千人），这当然是极夸张的记载。在这种城国，决不会有丧失三万六千大军的可能，即丧失三千六百人，恐也将使全城为墟了。伊那坦得胜后，又长驱直入至安马，安马的前王已逃或已死，他便和新王讲和，得回所争的土地，立约在二国的边境上掘一道界沟。于是伊那坦便回军葬了自己的人民，而任凭鸟兽去残食敌人的尸体。鹰柱的取名，即由于柱上的图里有鸷鹰的飞啄人体的图形而得。然过了许多年之后，安马却又乘机来报复前怨。他们以火与剑扫荡拉加士全城。在克洛斯氏在荒丘之北所得到的一片刻文上，记载着这次全城被毁的事。他说，安马在放火，在烧某处某处！他们劫去银物与宝石！他们在神坛前杀人！他悲愤哀吁，最后乃求他的城神对于这奇耻大辱，加以报复。

几百年后，拉加士一蹶不振，而在北方，有亚加朝代建立起一个强固的正式国家，自称为“天下四方的王”。后来，这国家势力渐弱了，城国便又暂时重现光明。在纪元前的二四五〇年，拉加士在究狄阿统治之下，复得到旧日的光荣。究狄阿死后，拉加士的末日又至。吾珥（Ur）吸收各个散漫的城国。他们虽仍为旧王所统治，却已毫无实权的了。

第六章　巴比伦城

在古代的世界上，没有一个城邑有巴比伦那样给我们以深刻的印像的；尼尼微诚然有一个时期成为其对手，然仅不过一个时期而已。亚述所给与人类的，是暂时的大帝国，是瞬间的残酷的光华；巴比伦却有长久的历史，贡献给人类文化以无数的要品。尼尼微一蹶不振，而幼发拉的河旁古国巴比伦却又复兴起来，重建新帝国。放射新光荣。罗马使我们忆起巴比伦，然罗马的贡献，却不能与巴比伦相比，因罗马仅沿已修成的大路而走，巴比伦却是先驱者。

巴比伦的占址在幼发拉的河的东岸。在遗址之上，有五座重要的荒邱：一座是巴比尔（Babil），在北边；一座是卡斯（Kass），即卫城，在中央；一座是安蓝（Amran-ibn-Ali），是古城的最南部；一座是和麦剌（Homera），在东部；在卡斯和安蓝之间的是麦克斯（Merkes），在安蓝易阿力之北和在它与麦克斯之间的，是萨求（Sachu）平原。

巴比伦古址的系统的发掘，开始于一八九九年，发掘工作由德国东方学会担任，其领袖是科尔第卫（Koldewev）博士。他在这废址上，工作十四年，常年有工人二百至二百五十名；然而他的工作到一九一二年止，还只告成一半。这次发掘并不怎样完满，因为全部的古址，除极少数的例外，都是属于同一时期的，且是最后的一时期。仅在麦克斯丘上，发现比新巴比伦帝国时代更古的东西。在这遗址上所发现的古物，分量很少，所以这次发掘，颇使人失望。然而德国东方学会的工作，虽不完备，却有无穷趣味，可使我们对于这古代东方的最光荣伟大的城市的文明，至少有一点观念。这次发掘的趣味集中在三点：（一）防御都城的大城墙，即卡斯丘下的大宫墙；（二）马杜克（Marduk）或巴力（Bel）的庙宇，即天与地之室；（三）它的巨塔，即巴比尔的真正的巨塔。由北至南，经过全城的是一条大街，或巴比伦的圣道，在这大道的中央，是白色石灰石，每块有一、〇五米突见方，边道为红色泥石所砌成。每块石板，边上都有刻文，其文道："我是巴比伦王尼布甲尼撒（Nebuchadnezzar），巴比伦王拿保卜拉撒（Nabopolassar）的儿子。我用石灰石（或泥石）砌成巴别街，以便大神马杜克的通过。愿大神马杜克，给我以长生！"在这条大街与南边城墙相接之处：是一所易士塔门（Ishtar），这易士塔门，是古代巴比伦的光荣的最好的遗物。这易士塔门的两个东塔，至今仍有十二个米突高，雄伟而巨大的立在那里，且保存得很好，是美索不达米所有建筑中最动人的一个。城门是双层的，有一个外城房，一个内城房，每个城房都有两个门。这大城门的装饰是很著名的。城的全面都装饰以砖上浮雕的牛或龙的形象，而涂以鲜明的颜色，大部分是白色与黄色涂在鲜蓝色的背景上。这种兽像狞猛的对着进城的人，似欲扑过去。在城塔上及他处，至少有五百七十五个兽像。

在圣街的两旁，耸立着坚墙，墙上也砌着狞猛的狮像。在城门的左边，是一所小庙。在右边，是南御墙和宫殿。但我们现在可以不必详述其城市的情形。在全部发掘中，最有趣味的却是宫殿区域南部的平地所谓"沙契"。在那里发见一道大砖墙，这墙有两重，在西南角，有一座大塔；东门有两座大厦，各有天井，这大约是庙宇的储藏室，在南边又有一带大房子，大约是祭师们住的地方，在那里，站着一所大庙的遗址。这是巴比伦最高的神马杜克或巴力的庙。这塔是“天与地之室”。这座庙宇之证实，乃由于找到几个有刻文的砖块。我们在那里找到巴比伦信仰中心神坛了，找到真实的巴比尔塔了。

发掘者于是又转到和麦剌荒丘上，在那里，他们很失望的得不到一点房屋的痕迹，这荒丘是一片的灰烬与破瓦堆，其中有的是断砖残石，刻有尼布甲尼撒的印文的。还有几个希腊的烧泥人像。在塔边也找到同样的希腊泥像。这希腊泥像与巴比伦的砖石的集合，证实古代传说的亚历山大帝要重建废圮的巨塔而未成的事。

就所发见的房屋建筑而言，完全是后期亚述的或新巴比伦时代的建筑。但在麦克斯荒丘里，发掘者却渐渐由帕提亚（Parthia）的，希腊的，波斯的，新巴比伦的遗迹，而找到藏有米罗达巴拉坦第一世（Merodach-Baladan I）和恩力尔那丁商（Enlil-Nadin-Shun）时代的刻文。在最低的地方，竟有第一代的契约文板发见。在那地方，他们已到巴比伦历史的开始了；这城市在早期是被大火所焚的；这事实证明第一巴比伦朝代的灭亡，为卡息特（Kassite）朝代的兴起开一条先路。在这最早期的巴比伦时代，房屋是密接在一处的，但街道却很有规则。主要的街道由北往南，别的街道，与它成直角相遇。在实际上，第一代的巴比伦，已表示出应用科学的基础来建筑城市的最初的努力。

以上是发掘巴比伦古址的成绩；至今还不过发掘一半的区域，等到工作完成，恐怕还有许多年。但即就如今发掘的成绩而言，已足使我们知道传说中的第一世界都城的伟大光荣，并不是过度的夸张；这古代东方的大城，在人心上记忆住了四千年，并不是没有原因的。在《旧约》里飘流在外的犹太人所见的新帝国之灿烂的情形，今还如昔；马杜克大庙遗址之雄伟，圣街的整洁与巨大，易士塔门之庄严华丽，今还如昔。然这次发掘的结果，所最感不足的，是没有发见多少关于巴比伦的文学、宗教及法律的东西。然这有雷雅特（A.H.Layard）在尼尼微所发见的许多刻文的石版，可以供给巴比伦研究者以许多材料。雷雅特发见两大室的石版文书，其中不仅记载亚述的事，也记载巴比伦的事。这些石版共约三万枚，真是古代文学中最可宝贵的东西。以后，美国人彼得斯（Peters）、痕兹（Haynes）和喜尔普勒赤（Hilprecht）又在尼帕（Nippur）发见许多的石版，共约二万枚，因此，又增加不少关于巴比伦文学的材料。

但关于巴比伦的法律的材料，古人所夸耀巴比伦人为“法律之泉源的”其主要材料却不在巴比伦本土，而在她的东边外。巴比伦古代的世仇以拦（Elam）境内。今日之苏撒（Susa）城，古时曾为以拦人的国都。摩尔根（M.J.de Morgan）在一九〇一年至一九〇二年，在苏撒城从事发掘，得到三大块的黑石，这三大块的黑石恰好拼合在一处，而成为一圆形的纪念幢，约有八十八时高，圆径在底面有七十三时，在上面有六十五时。现在这黑石在巴黎的卢甫耳（Louvre）。在上端有浮雕，表现伟大的王罕穆剌俾（Hammurabi），从日神沙马（Shamash）那里接受他的法律。在这个浮雕之下是刻文。刻文分为许多界条，每条是由上而下的，而文字则自左而右，因此读文者须斜了头去读。石前有十六条。还有五条已经涂灭不可辨认。背后有二十八条。全部共四十九条，四千行，约有八千字。涂灭五条的工作大约是以拦王战胜巴比伦夺去此幢时的事，因他欲记载自己的功绩，后来大约不曾实行。这石幢是世界最早的法律记载，其年代约在纪元前二千年。

第七章　尼尼微

在人类历史上，没有一个国家有如亚述帝国（Assyrian Empire）的兴起之暴而灭亡之速的。当其盛时，她在东方为人人所畏惧：到她的灭亡之后，却没有一个人记住她；她的遗址不久便被人所忘了：她的绝世的威名，光华横残暴虐，俱成过去的一梦。巴比伦（Babylon）帝国在亚述未兴之前几百年，已经是东方文化的中心，到亚述代兴时，她便暂时匿迹；然亚述不久即灭，她却又重兴起来。这是两个美索不达米古代大帝国根本不同之点。

亚述人古代威力的集中点，是亚息（Asshur），卡拉（Kalah），和柯萨巴（Khorsabad）。然而仅在大威权者西拏基立（Sennacherib）时，尼尼微（Nineveh）才进到全盛时代。世界上没有一个城市曾在那样短时间内，能在人心上有那样深刻的印象的。尼尼微实是亚述帝国文化与威力的结晶。亚息可算是亚述权力最古的所在，卡拉可算是战争最有成绩的所在，柯萨巴可算是在实际上比尼尼微诸王更伟大的专制者萨尔恭（Sargon）的纪念地；然而尼尼微的西拏基立却给古代东方以世界征服者的印象；他压迫古代的埃及帝国，扫荡光荣的巴比伦帝国。而他的孙子亚息本尼巴（Ashur-Bani-Pal），更完成他的丰功伟烈，攻下底比斯，打倒尼罗河畔大帝国的威势。当时全世界都颤抖抖的站在这新兴大帝国之前，任凭他践踏而不能反抗，而他则到处劫掠奢杀，野蛮残酷，世间无比。尼尼微在历史上，约有一百年是人类心目中最可怖的都城；然后她的巨大能力消耗净尽，她便暴灭。亚息本尼巴死后不到二十年，新巴比伦帝国的创立者拿保卜拉撒（Nabopolassar）联合米太人（Medes）起来反抗亚述；亚述的最后一王辛沙立士坎（Sin-Sharishkun）战败之后，和他宫殿一同焚为灰烬，而尼尼微的光荣便跟了成为灰烬。尼尼微军队所惯施于人的焚掠，如今也临到自己头上了。

此后，尼尼微便无人提起，仅有底格里斯河两岸的两堆荒丘，相传为她的遗址而已。而真正的尼尼微的所在，迄无人知，也无人去发掘。直到二千五百年后，即十九世纪中叶，尼尼微方才又被人发见，同时发见的，是她的文化武功，与她的不可及的光荣。

在一八四二年时，波塔（PaulÉmil Botta）被任命为摩苏尔（Mosul）的法国领事。他那时是三十七岁，关于东方的经验学识，都极丰富，且有精敏的观察力，与耐苦的精神。同年十二月，他在摩苏尔对面的两座荒丘中的北边一座名为考央吉克（Kouyunjik）的，开始发掘。其初工作得到结果很少。仅掘出许多残碎的浮雕，但没有完整或巨大的东西。他并不灰心，仍继续发掘，直至一八四三年三月。在他开始工作时，曾有一个亚剌伯的染工，从柯萨巴村来，经过这座荒丘，停步问他们发掘的原因。他们告诉他说，要发掘刻有文字的石块。他说道，这种东西在他村庄附近多着呢。并答应带许多给波塔，虽然以后这个染工曾带了两块刻有文字的砖到摩苏尔来给波塔，但他并不曾注意。到了一八四三年，他已失望的将要停止发掘荒丘时，方才想起亚剌伯人的话，便命工人到柯萨巴的荒丘去试掘。他们立刻便证实亚剌伯人的话不错。波塔匆匆的到柯萨巴。他只想在那里停留一天，然而他所眼见的古物，已足引他住下，且使他送报告和图形到巴黎。他在信上说道："我相信我自己是第一人发见那种雕刻，有理由可以证明属于尼尼微的盛时的。"当那封信在亚细亚学会宣读时，引起法国人的热心。自此，古代的东方乃开始复活。法国政府立刻允许他继续进行发掘的工作，并允运回所发见的古物。同时，波塔却在柯萨巴和气候，疾病，以及居民的反抗，并土尔其政府的阻挠相敌，不知经历多少困难，方才战胜一切；在一八四四年，得到发掘的正式允许。他雇用三百名工人发掘着。到一八四六年，古代的雕刻，运到巴黎，法国人的热心更激起百倍。当那些巨大有翼的牛，表现着绝世的力量与庄严，和那些精美的浮雕，活现一个久已过去的民族的战争与和平的景像的，一旦由黑暗的地中掘出，而放在全世界之前，直如使那光荣的亚述大帝国在今日复活一样。对于这次发掘的结果，波塔曾出版十五大册的书以叙述之，书中附有五百幅的插图。一八五一年，法国又派普拉斯（Victor Place）到柯萨巴去继续发掘，完成波塔未竟之功。普拉斯所发见的古物，不幸有一大部分在运回法国时，沉在底格里斯河。然而这几次的发掘，与所得东西，已足证明埋没在柯萨巴荒丘下的大宫大城，是有如何的伟大光荣的历史。同时，学者们如罗灵逊（Rawlinson）等，又努力于发明波塔等所发见的刻文的翻译的关键。他们研究的结果，说波塔所发见的，不是如他所想象的尼尼微，乃是萨尔恭（Sargon）的都城；萨尔恭是撒马利亚的征服者。（纪元前七二二年。）

萨尔恭的都城（Sargon-Burgh），占地七百四十亩，约有人口八万。它的坚城，共有八门，王宫在城内西北方，建在一座高约四十五尺的台上，占地约二十五亩。王宫的西方，有一所庙宇。西南方的中央，有一座高塔，亦是属于庙宇的。

在亚述与巴比伦的发掘史上，有许多发见，也许比波塔这次的发掘更为重要，然而却没有像他似的引起西方人对于古代东方那样深切的兴趣的；波塔使萨尔恭的王宫，一旦复见天日，且使久已完全消灭于人类视线外的一个艺术的大时期，第一次复见天日。

正当法国人为波塔的大发见所震动时，英国人也为他们的国人雷雅特（Austen Henry Layard）的大发见所震动。雷雅特原是波塔的同事；他在少年便有发掘东方的雄心。一八四〇年前后，他到美索不达米探望好几座荒丘：一八四二年，他在摩苏尔和波塔相见。那时波塔正在从事发掘。他毫不猜忌的将已得成绩，显给雷雅特看。雷雅特因此更为热心，要从事于此。他旅行终了时，住在君士坦丁堡，为英国公使坎宁（S.Canning）的助手。坎宁听见波塔有那样好的成绩，也不禁跃跃欲试，且经雷雅特的劝说，便先付六十镑给雷雅特为发掘用费。雷雅特带这少数的钱，在一八四五年十月，去发掘尼尼微的故址。他决定先试掘宁穆禄（Nimrud）荒丘，这座荒丘，由穆苏尔沿底格里斯河下行，五小时可到。然他的工作，却为当地土尔其的长官所阻挠。他知道不能得到发掘的允许，便假充打猎，带了几个人，藏了锹铲，乘筏顺流而下，到宁穆禄。立刻便和立幕于荒丘之旁的阿剌伯酋长结为朋友。因此，他能雇到阿刺伯工人。没有一次发掘，有雷雅特那样顺利的。他刚刚着手发掘，在午前便有一室，界以有刻文的石板的，被发现出来。他命三个工人继续在西方发掘，而命其余的工人到西南方去。在日落之前，这两队工人，又掘出界以有刻文的石板的房两间。一天的工作，六个人的工作，却发现两座亚述王宫！（经后来的发掘而知之。）以后几天，工作甚顺利，第一片的浮雕，也发见了。一八四六年二月，国王们，宫人们，兵士们的雕像，有许多被掘出；继之出土的是一个人头狮身，有翼的巨大雕像。这像气象雍和而庄严，是古代雕刻中很精美的代表。此后，又发现许多有趣的浮雕，在其中，有藏在英国博物院里的表现打猎的景色的一群浮雕。即在亚述的著名雕刻中，也以有力与有精神见称。

在他的工作时，雷雅特显着不倦不懈的勇气与信仰。他暂时离开了宁穆禄，又到穆苏尔对面的大荒丘考央吉克上试行发掘。他得到几个雕像，他以为这些雕刻，略后于宁穆禄，而与柯萨巴所发见者同一时代。他回到宁穆禄，复在西北方宫殿发掘着，得到保存得极好的雕像。连未受教育的工人，也极热心于这个工作。一八四六年，雷雅特送一部分的古物到伦敦去。在同时，他又在西北方宫殿进行发掘，证明这宫殿是国王亚息那策巴（Ashur-Natsir-Pal）（纪元前八八五年至八六〇年在位）的；有一群非常精美的石板被掘出土，表现着这国王在战争时与和平时的光荣。所有亚述的战事与狩猎，都极活泼真切的表现出来。在荒丘的中央，是亚息那策巴的儿子沙尔马尼则第二世（Shalmaneser Ⅱ）（纪元前八六〇年至八二五年在位）的宫殿。雷雅特的濠沟掘到五十尺长，尚未发现重要的东西，他正预备放弃不顾时，工人忽然掘出一尊近七呎高的黑云石幢，证明其为沙尔马尼则的纪功碑。四面刻有二十个浮雕，二百十行的楔形文字。他的工作到一八四七年，已发见亚息那策巴宫殿的二十八座大厅。雷雅特便想运输一对有翼的狮与牛回去。在那时，已掘出十三对这样的雕刻。这个运输，虽不方便，却终于成功。但雷雅特在宁穆禄所发掘的城市，还不是真正的尼尼微，而是卡拉（Kalak），在尼尼微暴兴之前的时候，曾为亚述的都城二百二十年（纪元前八八五年至六六八年）。以后。他又到亚息的古址（亚述最古的都城）和考央吉克，真正的尼尼微的古址上工作着。他的工作虽不过是试掘，却结果极好，已发见大火所焚的西拏基立（纪元前七〇五年至七六八年）的大宫殿的一线痕迹。他的工作不过二年，而已有这样好的成绩，真是发掘史未之前闻的奇迹。一八四九年，雷雅特受英国博物院的委托，重到考央吉克发掘尼尼微。目的在发掘西拏基立建造的西南方的大宫；这座大宫在米太人的军队陷尼尼微时被焚：许多刻图刻文的石板，俱为大火所灼，或断或残，然而他仍得到许多的图画，记载西拏基立在巴比伦，叙利亚及他处的战功。以后，考察七十座大厅和长廊之后，知有许多宫室，是西拏基立的孙亚息本尼巴所添建的。在所有的发见中，最重要的是王宫的两间藏书室；从地上起有一尺多高，满堆着大大小小的刻文的石板：有的完好无缺，但大部分却都是破碎的。最大的石板，是平面的，约九呎长，六叹半阔；较小的，微凸；最小的，长不到一吋，止刻有一二行文字。刻在这种石板上的楔形文字，有时极小，非用放大镜不能看得清楚。这两间藏书室是许多名王收集的结果，亚息本尼巴收集的尤多。这种发见，价值不能限量。我们现在立刻和古代的原作相见，而直接知其历史、科学、法律、文法、宗教等等的情形了。且这种图书，不仅限于亚述一国的事；亚息本尼巴还知注意于收集巴比伦的图书；有许多石板是钞录古代巴比伦的文字的。所以我们研究巴比伦时，这些图书又是极重要的宝库。

雷雅特的发掘的工作，至此已登峰造极了。一八五一年四月，他便离开尼尼微，而将工作交给他的助手剌萨谟（H.Rassam）继续进行。一八五三年十二月，剌萨谟发见亚息本尼巴的大殿；这位皇帝，是亚述最后的威势赫赫的皇帝，希腊人称之为萨达那佩拉（Sardanapalus）。剌萨谟在这王宫中，发见王家图书馆的第二部分。此外，最有趣的发见，是一群奇异的雕刻的石板，表现国王的猎狮的情形。如将亚述的艺术加以比较研究，则这一群的石板，和雷雅特在宁穆禄所发见的属于亚息那策巴的一群早期的石板，便立刻可以看出其区别；早期艺术，有的地方比后期的有力量，然而后期艺术，却有更为精美的。无论古今的兽类雕刻家，没有一个曾比那个纪元前六五〇年的亚述雕刻家表现野兽的威猛更忠实，更真切的。狂怒的狮子，咬住了车轮；受伤的母狮伸长头颈，表现出临死时悲楚的挣扎：

国王骑在马上，脸上现着又喜悦，又紧张的神色，在猛追着沙漠中的野驴。这些景色都是极可赞颂的。

在发见狩猎图的大厅的中央，刺萨谟又掘出好几千块的石板；其中有不少关于巴比伦与亚述神话的记载。在刺萨谟之后，罗夫塔斯（Loftus）继之，从事于考央吉克的发掘；他的最大的成功是发见有名的浮雕，图写亚息本尼巴和他的王后同在一个花园中宴会的情景。但这时，发掘的费用已不够，于是发掘的工作只得中止。同时，亚述学的研究，根据雷雅特及刺萨谟所发见的刻文，建立研究楔形文字的坚固的基础，遂得以通达这种无人懂得的“箭头书”的意义，而重建巴比伦及亚述的历史、神话、宗教、法律等等的系统的研究。在这些学者中，最重要者为罗灵逊（Rawlinson），奥拍特（Oppert），兴克斯（Hincks），及品拆斯（Pinches）等。

第八章　推来城

在许多次的古城古墓的发见里，最可诧异的，是推来（Troy）城的发见。发掘推来城的主人翁是德国人舍利曼（Heinrich Schliemann）。说来可怪，他之立志发掘推来，在读荷马（Homer）的大史诗《伊利亚特》（*Iliad*）时；在他之前，没有一个人不以为这篇诗是虚无飘渺的歌咏，推来是荷马脑中的城；十年大战是荷马虚构的空中楼阁；赫楞（Helen），赫克忒（Hectol），阿溪里（Achilles），攸力栖兹（Ulysses）是荷马随意创造的人物。假定有人说，推来实有其地，十年大战实有其事，赫楞等实有其人，则无论何人，都将掩口而笑，以他为发狂。然自舍利曼的推来发掘成功以后，人的眼光却全变了。方才知道，推来城不是荷马脑中所造的城：十年战争不是荷马虚构的空中楼阁；赫楞等不是荷马创造的人物。于是荷马的研究，别开生面，荷马的史诗别有一重价值，希腊的古史，别添篇页。

舍利曼生于一八二二年。在他孩提时代，他的父亲常将希腊故事说给他听，他心中充满这些故事的影子，每每沉醉于希腊英雄的冒险与勇敢。在他看来，那些故事都是真的，荷马所歌咏的英雄行为都是不假的。他的心紧紧为他们所捉住。有一次，他得到一本插有一幅推来城大火时的图的书，他心中更除去一切疑团。他看见推来城在延烧，一所所的宫殿房屋逐渐的为红焰所吞没，他看见不幸的推来人在惊号，在奔逃。他对他的小伴侣说道：

“我要去寻找推来。”

他们讥笑着他；他默默不言，心中受伤了，他不明白他们为什么不和他一样的热心。

以后，舍利曼的家境贫穷了，他的童年不得不在一家杂货铺中度过。他每天做十八点钟的工作，而他的心，仍然专注在推来城。这种矛盾生活的痛苦，是不必说的，然他又不能脱离这种生活。他的主顾都是些粗野不学的人，他与他们长时间接触之后，几乎把从前所学得的一点拉丁文都忘记了。他想求知识，却没有时间去得到。他没有假期，没有快乐，除了几点钟的睡眠以外，便是不息的工作。在这种环境，他还不时的记忆着他的父亲为他讲述希腊英雄故事的快乐时代。他不时觉得前途有一线光明。他的发掘推来城的童年的梦，深埋在心底而保存着，并不曾毁掉。

有一天，他因举重物受伤，不能再在店中工作。他不知怎样办好，贫乏、疾病交迫着他；他到汉堡，没有人雇用他。最后，他到一只船上做侍童。不幸这船在中途遇险，他和水手们幸得逃生至荷兰海岸。这时是舍利曼一生最黑暗的时期。他不得不求乞糊口。后来，在一个事务所中，得到小位置。他的心中又生新希望。他忍饥耐苦，省钱买书，有机会便拿来读。在六个月中，他学会英文，再六个月，又学会法文。他发狂似的去求智识。他的向未发展过的头脑，忽然的觉醒了。他有一种不可及的学习语言的天才。以后几个月，他又学会荷兰文、葡萄牙文、西班牙文、意大利文。他不肯停止。他又想学俄文，而在六个星期内，他居然会写俄文信了。这时，他已经二十四岁。主人命他到俄国去办一件事。在一年之内，他在俄国自己开始营业，决心要积钱实现他童年的梦。有一件事是很可怪的，他崇拜希腊，他敬爱荷马，然而他却费许多工夫去学习许多外国语，独不肯去学希腊文。其实他是怕学希腊文，怕这种迷力极大的文字一捉住了他，他便将完全忽略了他的营业，将永不能有力量到荷马所歌咏的地方去了。他之经商也如他之求学，全副心力都集中在商业上面，他的唯一目的便在得钱。十年之后，当他三十五岁时，他已经成富翁。他可以随心所欲的生活着。于是他便用全副心力去学希腊文，而在六星期之后，已经学会。在三个月之后，已经能读荷马的原文。

舍利曼在周游世界之后，便到他所梦想的希腊。别人都以为荷马的史诗仅是传说，他则始终相信这是事实。许多人都疑推来城是虚无飘渺的，他却全心相信这是实在的城市。这时，刚好雷雅特发见尼尼微古城，因此，更引起他发见推来城的欲望。他以为雷雅特能使尼尼微古城复见天日，他也能将推来古城掘出。

在一八七〇年时，他到推来平原的喜萨力克（Hissarlik）山上，这地方离达达尼尔（Dardanelles）不远。他上这荒山，心里觉得在他的足下便埋着推来的古城。他用三百镑从土尔其地主购得地基。经过种种的困恼的迟延后，便在一八七一年，开始发掘。他督责着工役向山的心中掘去。许多工人不息的工作着。从早至晚，他都亲自在工作场中。他的妻是希腊妇人，和他一样热心，亲自同女仆执铲掘地。

舍利曼心里很快乐，每当他掘土的时候，总是聚精会神的工作着。他的大敌便是节期与雨天；因为在雨天，工作便不能进行，在节期，希腊人却不肯作工。所以在这些日子，舍利曼便坐在家里，写着他的发掘的经过。他将古城由泥土中掘出，在第一城之下，又见到第二城。舍利曼觉得很可怪。掘得愈深，他的诧疑更甚。原来是一座城立在别一座城的上面，一种文明紧接着一种文明而来。几千年的历史，都集中在这个地方。当一种人民已灭亡而覆于土中时，在这座古城上，别一种人民又建立新城。所以这城之古，远在希腊人之前，远在推来人之前，而属于与克里特有关联的人民。

原来的山丘，其高大与年代俱增。古城历被埋没，于是山之高度较第一城所立的原来平地，多五十呎，其长度较原来长度，大二百五十呎；在别一个地方，却增长了一百五十呎。

在这古城堆中，他发见无数的古物、城墙、古瓶、石斧、铜针。他的工作，极可惊异。他将寻找出来的东西，每件都注明在那样的深度中得到，且赏钱给找到的人。如果有一片记着文字的破瓶片发见，那发见的人，便可另外支薪。工人自然更热心的去寻找。有的人在一片破瓶片上，假刻款记想去欺骗他，不久便将这虚伪揭穿了，伪造的人不仅不得到赏，反受责罚。工人自此便知道不能用这个方法来欺他了。

这座山，如蚁垤似的，工人攘攘往来，或掘地，或挑土，他常时雇用一百五十名工人，此外更有马匹车辆。有一个时候，几个工人不幸被埋在倒塌下来的土中。他便焦急的亲自动手去救他们。

荷马称推来为“风地”，不是没有理由的。舍利曼亲自经验到那扫过平原的大风。有时，气候突变，大风吹过，几乎要将他们冻僵。这时，唯一的求暖方法，便是到地道中去，在山上工作着。

几十万吨的泥土，被移开去，乃得在山中开辟如斜坡似的一条大路。在一条地道中，舍利曼经过两层十呎厚的城墙，过了一会，他又得到六呎及八呎厚的两座城墙。他在喜萨力克山，本想寻找一座古城，结果却得到七座，一座城建在别一座之上，有许多层的灰烬与遗残的砖石，夹杂在各城之间，表示古代焚杀的经过。在有些地方，灰烬有五至十呎高，为在此荒丘间历年历代经过兵火的证据。他找到他的推来城，是第二城，在三十呎深的上下：这城在希腊人攻取之前，已有许多年的历史。他掘出古代的城门，当他在门旁掘过城墙时，他的眼第一次看见了伟大的推来的宝藏，金杯，金壶，以及银爵；有的金杯重过一磅，银杯则倍之。还有颈圈和别的珠宝；这些东西都是匆促间抛在城墙的一个洞中，仿佛是当时有一人带了这些珠宝逃走，又抛在那里的。

舍利曼立刻命令他的工人去早餐，不使他们知道这发见，他谨慎的用小刀将这些珠宝由遗物中割下，交给他的妻，而她便藏在外衣之内，匆匆的带到山上木室中。在他上面的重厚城墙，时刻有倒塌的危险，但他却不顾这一切危机。

舍利曼在喜萨力克山掘了三年，发见废圮的殿宇、城堡、城墙。在上面所说的那个第二城的南面，他见到三个城门。舍利曼以为这城一定是推来城了，这大城门一定是荷马所叙的斯揆安门（Skaian Gate）。在这城堞之上，是当年推来王普赖安（Priam）坐在那里观战的，是绝世美人隶楞在那里观看巴里斯（Paris）与门涅雷阿斯（Menela ü s）单身相斗的。他以为他的目的已经达到了，他的推来终于得到了。这个发见是在一八七三年五月。同时，所得到的金杯珠宝，他则名之为“普赖安的宝物”。并且全城都是火焚的遗迹。于是舍利曼满心高兴的发表了他的推来古物记。全世界的视听，都为之震动，有的赞成，有的反对；赞成的在英国有大政治家格兰斯顿（Glastone），反对的为无数学者。学者们不相信这座小城，建以小石与泥土的，便是十年久攻不下，海王坡赛顿（Poseidon）与日神阿坡罗（Apollo）所建的推来城，且所发见的古物，也较荷马史诗所写者为粗率。他发见的铜的兵器，荷马所写的则为青铜及铁的刀戈。以后，这个见解稳固了。舍利曼自己也承认他所发见的并不是真推来城，不过他仍相信真的推来城仍在这地方，他所选定的位置并不错。然而他虽不曾见到荷马的推来，他却发掘了远在荷马之前的一种文化，第一次使人家注意到去研究欧洲文化的启源，其时代与性质和尼罗河及幼发拉的河的两个文化是鼎足的，虽然他所发现的是在亚洲的土地上。同时，因为“辟里安宝物”的发现，土耳其政府便千方百计阻挠他的发掘的进行，且在法庭控告他，罚他一万法郎。他在一八七六年四月，又开始在喜萨力克发掘，然当地官员尽力阻挠，竟使他不得不中止工作，转到希腊地方，去发掘迈锡尼（Mycenae），得到极大的结果。这将在下文叙到，这里不多说。在一八八二年，他又到喜萨力克去工作着，同去的是多耳斐尔德（W.Dörpfeld）博士，是著名考古学家。结果，他们一共发见九座古城（据舍利曼计算是七座）；一座建立在别一座的遗址之上。这次发掘还不曾竣功，舍利曼便于一八九〇年死在那不勒（Naple）。他死后，多耳斐尔德方才发见第六城，是真的推来城。他耗了全生的精力，去发掘推来城，却在未及见真的推来城时而死去！然他的工作是不朽的！他所给与世界的，乃远出于他自己预料之外的伟大；他所发见的不仅是荷马的推来，不仅是证实荷马，添加希腊史的篇页，且将欧洲文明的启源，地中海文明的曙光，射照在学术界上。这便是他的工作的最伟大处。

第九章　阿加绵农墓

如今将专叙舍利曼发掘迈锡尼的事。上文已说过，他在喜萨力克的工作不能进行之后，便转到希腊地方，去发掘迈锡尼，要发见阿加绵农（Agamenon）（希腊军攻打推来时的主将）的墓。这发掘又得到意外的成功与影响。

我们欲得知希腊有史以前的文明与生活的状态，除在荷马两大篇史诗之外，我们必须将相传的后来希腊文化除去。在有史以前的希腊，住的是别一种人民，它的衣服，风俗，文化，艺术，一切与后期的希腊文化绝不相同（虽然这文化，也混入后期的希腊文化，而成它的元素之一）。在希腊有史以前，无所谓后来的“城国”，有的是建于山上的小城堡，一个国王居于其中，这个小城堡直是“强盗国王”的巢穴。这些国王，也许和阿加绵农一样，是人中之王（Lord of Men）；但他的生活，却是简单的强盗生活；他们的职业便是劫掠和打仗。他们的领土，小得一望而尽。最好的例，便是雅典的城山。然在那地方，遗物已无可得，后期的希腊文化，已将前期的完全覆蔽了。使我们尚可见这些有史以前的“强盗国王”的真相与他们的文明的，是舍利曼在亚各斯（Argos）所发见的两个岩堡，约建于西元前二千年至一千年。这便是迈锡尼，是人中之王阿加绵农统治的地方，和泰麟兹（Tiryns）。其遗迹都完全的保存到现代，几乎没有被变更过。在那里，还可看出那时代“城宫”或“岩堡”的特质，还可看出翦径劫船的事，成为有地位，有勇气的男人的天然的行动。据理想的见解，初有拍赛德（Pesseid）种由海道而至亚各斯，立足于泰麟兹诸地，然后渐到迈锡尼，然后，又有第二批的移民，住在亚洲的百乐丕达（Pelopidas）种，由陆地经马其顿（Macedon）而至迈锡尼，夺取拍赛德人的城堡，而以迈锡尼为他们的首都。阿加绵农便是属于百乐丕达系的一个国王。他的领土虽小〔在九哩之外，便是别一国王狄奥麦德（Diomed）的地方〕，却得到全希腊的敬服，所以阿加绵农虽智勇不过诸王，却被举为攻打推来城的主将。

阿加绵农在攻下推来归来后，便为他的妻克力腾涅斯特剌（Clytemnestra）和她的情人伊吉狄阿斯（Ægysthus）所杀；随了他的死，迈锡尼的光荣，也渐渐销灭。后来多利亚种（Dorians）向南侵略，攻下迈锡尼；迈锡尼便和推来遭到同一运命，被焚被劫于侵掠者之手；自此之后，迈锡尼乃不再现于希腊史上。多利亚人抛弃迈锡尼与泰麟兹而建都在狄奥麦德的亚各斯；古代的两个名城，遂成为荒墟，无人过问。直到舍利曼的发掘，而迈锡尼乃复现于世。

在泰麟兹，我们见到简朴的“堡宫”的完整的模型；在迈锡尼则其远古的光荣的文明，更可完全见到。迈锡尼发见在一八七六年，泰麟兹的发见，在其后几年。

舍利曼在一八七六年，到迈锡尼；他的工作，显著很大的成功，因此继续三季。在一八八四年，他又由喜萨力克回到泰麟兹工作着。泰麟兹在一山脊上，离海不过一哩。山脊是很小的，离平地只有五十九呎，离海面只有七十二呎，其长只有九百八十四呎，其阔只有三百八十七呎。这古堡虽小，却甚坚固。舍利曼所发掘的是堡宫的内部；以后的发掘，又寻到年代更古的一座宫殿的遗址。泰麟兹的建筑很简朴，完全是一个典型的荷马式的建筑，表现着由南而来的克里特（Crete）影响与由北而来的影响的混合式。其后来发见的壁画，表现的是猎取野猪的情形。一群的从人，或执猎矛，或牵着跳跃向前的猎狗。两个宫人在车上沿林荫走去，观看他们。野猪狂怒的拒着敌；他的臼齿，巉巉的露出，在他之前，有两人的手执着两支矛，向他胸前和腿上刺去；在他之后猛狗在追扑着。这都可见是克里特的影响。

迈锡尼的发掘，所得较泰麟兹复杂得多。迈锡尼之所以招引舍利曼去发掘，又是荷马的魔力。波舍尼阿斯（Pausanias）在他的《希腊游记》上，叙写迈锡尼的古迹很详细；他说“古城的遗址仍可见到，城门之上有狮子立在其上。还有属于亚特鲁斯（Atreus）和他子孙的保存室物的地下室。有亚特鲁斯的墓，和伊吉狄阿斯在宴会上杀死的和阿加绵农同归的武士的墓。还有阿加绵农的墓，驱车者攸麟米顿（Eurymedon）的墓。克力腾涅斯特剌和伊吉狄阿斯则葬在墙外不远之处，因为当时的人以为他们不配葬在墙内，那里是阿加绵农与和他同死的人所永眠的地方。”直到今日，波舍尼阿斯所描写的狮门，还是那样，毫无变动。门上所立的一对狮子，以及全门，都是古代艺术的最高作品。虽然现在已不承认他们为希腊最古的雕刻，却仍为最惊人的艺术。然舍利曼所注意的，初不在此。他全心要寻找的是波舍尼阿斯所叙的阿加绵农和他的同伴们的坟墓。他有意无意的选定离狮子门之内四十呎的地方，开始试掘，而他所发掘的却正是他所要寻找的东西。在十二至十四呎深的地方，工人掘到一圆形的粗坛。他们掘的地方扩大了，约在这坛略高的地方，又发见一圈石板，圆径八十七呎，全都站在两行圆圈的边上。舍利曼立刻自信，已找到阿加绵农的会议室，是阿加绵农和希腊诸首领商议攻打推来的事的地方。但这决断如果不差，则荷马的英雄必定都是巨人，因为最低的石板，也有三呎高，而最高的竟有五呎。这个石圈，比较合理的说来，还不如当它是一种祭地。当时的人，必定在那里举行祭奠埋在地下的伟大的死者。离地面二十一呎深之处，他又找到一堆人骨，这当然是被杀殉葬的奴隶，跟随主人到地府去服役的。更深九呎，即离地面三十呎之处，见到一座大坟，后来名为第三坟，这坟里葬的是三个妇人。离此坟不到五呎，掘见一座更大的坟，葬的是五个男人。后来陆续发见三个坟，式样俱大略相同，葬的人多寡不等。最后，斯坦马塔克（Stamatakes）又发见第六坟，这坟里葬的是两个男人，直躺在石床上，手里执着酒杯，盔甲即在身边，足旁放着好些大瓶。这些圆圈的诸坟之发见，重大之价值乃在其中的财富，与死者当时的精美的文化，有许多金的、银的、象牙的、及铜的各种面具，手杖、指环、宝剑等等。舍利曼惊喜的宣言道：他已找到阿加绵农和他的部将们的坟了；他们为伊吉狄阿斯所谋杀，立刻下葬。视其埋葬时匆促无序的形式，可决其必为被杀后立刻入墓无疑。这个言论与发见，又震动全世界，在英国，格兰斯顿又为舍利曼张目，说他果然发见阿加绵农的坟。然而不久，学者群加怀疑，以为坟中之器物，并不属于同一时代，死者的人数与男女性，也和波舍尼阿斯所叙不同；且葬仪之纷乱，也不过是坟顶与尸身相接触所成的结果而已。于是反对的意见，渐渐的坚固了，大家渐渐的由惊羡而冷笑了，他们讥笑舍利曼的幻想与对于荷马的过度热心。然而到今日，人又渐渐看到舍利曼的发见的真实价值。许多学者都以为这些坟里是否葬着亚特鲁斯和阿加绵农的一家，不能知道；然而这些坟确是一千七百年之前波舍尼阿斯所叙述的诸坟。至于这些坟是不是阿加绵农的，虽是极有趣味的问题，却不是重要的问题。舍利曼所做的，乃是出于他意想之外的更伟大的工作。不必问他已否真正的发见阿加绵农，他却已真正的发见英雄时代的希腊，远在有史以前的希腊文明；他要发见阿加绵农，结果，他所发见的却是古希腊的文明，证实有史以前的希腊，荷马所歌咏的希腊，并不是一个梦，乃是真实的英雄时代。五十年前，论希腊史者，不敢叙到第一次奥林比亚（The First Olympiad）以前的史实，以为那都不过是传说，不足信的。格罗脱（Grote）的十余册希腊史，即可以为代表。如今舍利曼却给他们以致命伤：他告诉他们道，有史以前的希腊，是真实的时代，不是传说，自有他的文明。不是诗人的想像；他拿出的是证据，是古代文化的成绩的本身，不是空言。于是便打倒一切的怀疑，将欧洲的历史，提前许多的年代。这重大的价值，也许舍利曼自己，还不曾想到呢。

在六个大坟之外，波舍尼阿斯所写的亚特鲁斯的宝库，也是一个坟；这在舍利曼之前，已为人所开掘，舍利曼不过最后清理之而已：第二个克力腾涅斯特剌的宝库，则为舍利曼夫人所清理，所发掘。亚特鲁斯的宝库可作为希腊古坟的代表，这些古坟，今所知者，至少有二十五所，存在希腊与克里特。这坟门之前，有两根支柱，今存于英国博物院。这是古代世界最大的工程与建筑之一。在同一山坡上，略近北方，又是一个蜂窝形的坟墓，即克力腾涅斯特剌的宝库；这坟没有前坟完整，有一部分已经毁坏，葬的是一个妇人，大约是一个埋在前坟内的大人物的奴隶，被杀殉葬的。如果这话不错，那末，这妇人一定是他生前所宠爱的，因为一般殉葬者的坟内都不曾有宝物发见，而她的坟中，却有两面铜镜，镜柄是雕花的象牙，还有几个金铸的饰物。

继舍利曼之后，而至迈锡尼者，尚有不少人，各有多少的发见，然而开其先路的却是舍利曼，却是受尽世人讥笑的舍利曼；所得最多的也是舍利曼。舍利曼初为杂货铺的学徒，却一心不懈要发见他的推来，他的阿加绵农；他没有见到真的推来城，他的阿加绵农也为人所反对；他在举世讥笑之中死去；死后还有人讥笑他的幻想。他也许一生便不曾有过多少的真实同志。然而他却百折不回的向前做去，他先预备发掘的资本，然后学习希腊文，然后开始发掘。他不怕人的讥笑，他不怕失败。学者们坐在他们的书室里，根据他们的古书与论理，嘲笑的驳斥他道，那不是推来城，举世皆和之道，那不是推来城。舍利曼却不为所动，仍然很冷静的在工作；学者们又道，那不是阿加绵农坟，举世都和之道，那不是阿加绵农坟，舍利曼却不为所动，仍然很冷静的在工作。他的成功决不是偶然的；他的成功是他的坚忍，是他不移的信仰，是他精锐的观察，是他的勤苦的工作。在许多次的考古学上的大发见中，没有比舍利曼的两次大工作，更艰苦的；在许多的徘徊于古城古墓间的大发见者之中，也没有一个比舍利曼更经历巨大的苦楚的。

第十章　克里特

在舍利曼的推来和迈锡尼的两次大发见上，已可见到希腊有史以前文化的一部分；然而希腊文明的根源，是从什么地方来的呢？要回答这个问题，须知英国人伊文思（Sir Arthur Evans）在克里特（Crete）岛上克诺索斯（Cnossus）地方发掘的结果。克里特岛在希腊半岛之南，介于欧、亚、非三洲之间；它与希腊半岛之间，有无数小岛相联络着；在天然的地位上，它有在爱琴海文化史上占最古最重要的地位的资格。在希腊有史时代，克里特的地位，已早显衰颓；然当她盛时，她曾派遣八十只船加入围攻推来，她的领土内，有一百座城市；而她在希腊传说中，更显著极重要的位置。克纶诺斯（Kronos）的妻里亚（Rhea）曾逃到克里特，生出诸神之王与父的薛乌斯（Zeus）；而在这地方的狄克旦洞（Dictæan Cave）中，婴孩的薛乌斯为羊乳所饲养成人：在这洞里，薛乌斯与欧洛巴（Europa）同在这里度婚夕，生下克里特的大人物迈诺斯（Minos）。据说，薛乌斯的墓，也在一个山上。迈诺斯的传说，更为丰富。他是希腊的摩西，受法律于天的，死后，还在地府，成为裁判官。但迈诺斯却不是国王的名字，乃是一个朝代的国王们的尊号；在希腊故事中，他不因为是正直的立法者而成为重要，最重要的，却因为是暴虐的统治者。他是爱琴海上伟大的国王，派出海军，胁迫附近各地朝贡于他；他是古代最大的建筑家发明家第达拉斯（Dædalus）的保护主。第达拉斯为他的主人造了一个可怕的铜人，造了亚立亚德泥（Ariadne）的跳舞场，造了一所迷宫，住着神话中最著名的牛首人身的吃人者民诺托（Minotaur）。民诺托每天要吃人肉，国王便命令各地每年献上童男童女；直到雅典王子提秀斯（Theseus）杀死他，方才停止这贡献。在那时，克里特人掌握海权，他们在别人心上看来，都是恶人，攻略者。几个古希腊的历史家，也都记载着迈诺斯帝国的事；他们说，克里特王迈诺斯是第一个海王。总之，许多希腊传说，都以克里特为欧洲早期文化的起源，而在最近的发掘里，便证实这种传说。

克里特的古迹的发掘，是十九世纪最后一年的事。迈诺斯帝国的都城，并不曾为人忘记，且常有人去游历。然其遗址却不足引诱学者去作进一步的考察。舍利曼曾记下克诺索斯，预备将来发掘。一个美国人，也曾到过可以望见克诺索斯遗址的刻法拉（Kephala）山上，因为有人说，废圮的墙石上刻有奇异的文字。然因为当地业主百端阻挠，一切发掘不能进行。一八七八年时，一个克里特土人，曾发掘一点古物，如大瓶与迈锡尼式陶器之类。直到一八九五年，伊文思博士才进行大规模的发掘。

伊文思发掘克里特的动机，在由雅典购到几块克里特的“印石”。一八九四年，他便在克里特的中部与东部工作着，想发见一种克里特系统文字的证据。他在这一点是成功的。在狄克旦洞中，他得到一片石板，刻着无人认识的文字。一九〇〇年，他买到克诺索斯遗址全部，开始发掘；结果是将人所忘记的一个古国，重放在我们之前。

没有一次的发掘，有他那样顺利的。他第一次发掘，费时九星期，雇用八十人至一百五十人：在这短时间之内，约有两亩广的史前的大厦已被发现。第一季季末，克诺索斯的宫殿，已可看出，较希腊半岛上的底林斯与迈锡尼的宫殿，更伟丽。再经过几次发掘，那比任何古迹都更弘伟复杂的建筑，便出现于世。他发见几张壁画，其中有一个少年的半身像，虽是三千年前所作，但颜色鲜明如新。这是迈锡尼族男人的真形第一次出现于我们之前。由他的脸部，可以看出是古希腊式：而他的眼部，也是埃及画家所不能知道，而止有纪元前第五世纪前后希腊古典画家才能画得到的。长廊与宫殿的西边外墙，有几排的小房，显然是储藏油谷的地方，其中陈列着许多大陶缸，一间房内，已经陈列着二十个。这些大陶缸都绘有花纹，有的且甚复杂。有一个最美丽的，有五呎高。这些陶器，舍利曼在推来也曾发见过，从前在克诺索斯遗址上，也曾发见过。由这些建筑上，陶器上，可知当年生活之奢华，文明之发达。在中庭和长廊间的几间房里，继续掘出许多宫廷生活中最有趣的古物。由好几种的证据里，伊文思断定这所“迈诺斯的王宫”，便是传说中的第达拉斯所建的迷宫。他又在宫中发见“迈诺斯的朝殿”：北边是一个宝座，沿着墙边是一行的低石椅。这是世界上最古的朝殿，自一位国王坐在这上时，离今已有三千五百年了。迈诺斯的王宫，与舍利曼所发见的特林斯与迈锡尼的王宫，有极不同之点；特林斯与迈锡尼是“堡宫”，四边都是坚墙，刻刻防备敌人进攻，迈诺斯的宫殿却毫无这种战备；这可见当时的克里特是和平的地方，绝不防敌人来侵略；他们的防御在海上，他们的权力在兵舰。当兵舰在时，克诺索斯可以不用一点防御，一旦海军力衰颓时，克诺索斯便毫无抵抗的任凭敌人侵凌了。在全宫的各处，都可见大火焚的痕迹，由此可知他们的海军，是终于衰颓了，敌人终于到过这里了。也许这样的焚劫，在它的长久的历史上，不止经过一次呢。许多刻文的泥板，都经大缸中的油火所烧灼，坚硬如石；在那样弘大的一座宫中，竟没有发见一件金属的器具，更不必说重要的宝物。由此可见克诺索斯的光荣与文明，乃是突然的摧毁的。他们的宝物，已被侵略者搜罗干净。此或由迈诺斯朝的诸王，已不能维持他们的海军力，或迈诺斯的海军，终于遇到更强的敌人，而完全覆没。总之，克里特的海权一经丧失，跟着丧失的是一切的文明、光荣和历史。

克里特的女子衣饰，和男子不同，在依文思发见的好几幅小壁画上，所画的女子，衣服都是华丽而重多，不似希腊古代妇人衣裳轻简。见者简直可以他们为十九世纪中叶的欧洲女子的服饰。

由壁画上，由发见的仅余一头的牛像上，都可知道古代克里特人是喜欢斗牛的。这是极残酷的，斗者多为牛所杀，而他们则大都为非克里特人，大约是被征服的人。食人巨怪民诺托的传说，大约即由于此，而流传于希腊各地。

克里特人极好艺术，其工作的精好，是别种人所不能及的。在有的瓶饰上，以及在因倾圮而未被劫略的一室内所发见的金属器具上，都可见其技术决非粗率，其最精美的，乃非希腊全盛时代的匠人不能为。然而有一个最可怪的现象，便是一切克里特的艺术品，无论壁画，无论雕刻，都是小规模的，找不到巨大的石像，也找不到巨大的壁画。在邻近的埃及，在同一时代（埃及的第十八代），其弘大无比的雕刻与大规模的工作，乃竟没有丝毫影响到克里特，这真是很可怪的。

据许多专家的意见，克里特的文化，其古远决不在她邻近的尼罗河文化与美索不达米文化之下，而她却是原始的，并不曾受过他们的影响。所以古代的地中海文化，可以说是鼎足而三。这在欧洲的历史上。实是一个很重大的发见。

第十一章　巴力斯坦

上面讲到埃及的发掘，巴比伦的发掘，亚述的发掘，推来的发掘，迈锡尼的发掘，以及克里特岛海上王国都城的发掘，都各有丰富的收获，都各有惊人的故事，动人听闻的经过；然而讲到巴力斯坦（Palestine）的发掘，在全体上说来，结果却是失望，这地方是基督教《圣经》上极重要的地方。然而自从窝棱（Captain Warren）开始在这里发掘之后，至今已经五十年，而十分重大的发见，却从不曾有过。在他们工作之初，发掘者和一般热心帮助者，希望是极大的。简直是无理由的大。他们当窝棱在巴力斯坦工作之时，便希望他的铲子一掘下来，便可完全解决《圣经》上的许多疑问。热心帮助者的梦想，集中于大卫（David）的战绩和所罗门（Solomon）的光荣等等。有的人竟还希望能够发见和耶稣接近的信徒的几封私信。然而这一类的大希望，却全归泡影。虽然在巴力斯坦，得到一块重要的刻石，然不是专门发掘者所发见的，而是一位游历的教士，偶然得到的，而他还完全不明白他的发见的价值！

现在，人已明白巴力斯坦的发掘终于失望的原因；以后当不至再有什么痴想了。然而，醉心于波塔和雷雅特在巴比伦和尼尼微的大发见，马烈特在埃及的大发见的人，却不相信在巴力斯坦竟不会发见同样伟大的结果。但我们须知，在巴力斯坦的全部历史上，本就没有一个好好的组织和经历久长的国家，他们也不曾有和巴比伦及尼尼微相似的伟大宫殿，也不曾有和底比斯相似的弘丽庙宇。巴力斯坦之有中央的势力，仅为纪元前一千年时的事，且在古代东方史上，也不过昙花一现而已。就巴力斯坦所已知的历史上看来，我们实在没有勇气去希望在这个“圣地”得到可以和美索不达米及尼罗河流域的诸大国的最零星的遗迹相并的古物。虽说在所罗门王的简短的光华时代，有大工程建造着；然而后来的巴力斯坦历史，却使这些大建筑不能存在。巴力斯坦原是在行军大道上，无论是埃及人去征伐叙里亚，或是亚述人南下去攻打埃及，巴力斯坦总是首当其冲。所以巴力斯坦是世界上战事最繁的所在；所以，她的大建筑，便很难存在了。在巴力斯坦的故址上，没有古城不是被毁得片瓦无存的，不仅是经过一次，而且是再三再四。而且，占据了巴力斯坦的民族，也此兴彼仆，不是一种。而这些兴灭无常的民族，如巴力斯坦的闪人，或希伯来人等，本就不是建筑家或艺术家。他们每有大建筑，便要找外国工程师代劳。所以大规模或有艺术价值的古物或建筑，在巴力斯坦，实在没有多大希望去发见。且巴力斯坦的气候和土地，也没有保存古物的可能性，不像埃及终年少雨，土地干燥，能够将最精致易碎的东西，如纸草文书。象牙等，保存到数千年而还不坏。

所以巴力斯坦的发掘，在一般人看来，其结果是出于初料的失望。他们没有惊人的发见，甚至没有可供一般人值得回顾第二次，或细看一会的东西。然而，在今日的考古学眼光上看来，一般人以为不值一看的东西，或者更比伟大的动人听闻的东西，更有价值；因此种貌不惊人的古物，在研究当时人民的生活上，是比大建筑，大石像更有可供参考的地方。在这一点上说来，巴力斯坦的发掘，虽不能说是有大成功，却也不能说是全然失败而无结果。

马卡力斯忒（Macalister）博士，于一九〇二年至一九〇五年间和一九〇七年至一九〇九年间，在基则（Gezer）的发掘，结果在巴力斯坦的发掘中，是最有所获的。虽所获不能和雷雅特之得到尼尼微的王家图书馆，卡忒之发见都丹喀门墓的惊动一世相比，然其在巴力斯坦的人民生活及种族文化上，却极有贡献。基则并不是巴力斯坦历史上最大的城市，也不是对于史迹有重大关系的地方。她是一座并不惹人注目的小坚城，巴力斯坦历史上的重要事实，差不多都是经过她的旁边而去。但正以有这原因，在别的著名大古址上所不能得到的东西，在这小城的古址上，倒可以得到。她的三千年的发展，差不多都可在发掘的结果上见到。且耶路撒冷诸地，至今尚是人口众多，屋宇相望，发掘的工作，是极难进行的；基则是久无居民的地方，可以任凭工作者发掘。基则是半哩长，四百五十呎至六百呎阔的荒丘，高出地面有二百至三百呎。荒丘的较低部分，是石灰石岩层，和耸立于南边的几座小山一样。上面部分，为三千年来叠积起来的灰烬余迹。这地方形势很好，水料的供给又冠于全巴力斯坦的诸城。她的最初出现于历史上，乃是纪元前一四〇〇年时，那时，她是服从埃及帝国的。在埃及的第十九代时，米棱塔（Merenptah）攻下基则。后来，以色列人继埃及人来到这个城。以后此城又入以色列世仇非利士人（Philistine）之手。大卫初得大功，即在此城下。所罗门时代，埃及王又攻下基则，放火焚毁，而将一部分给他的女儿，即所罗门的妻。同时，埃及人却仍握住基则不肯放手，所罗门的妻，不过实际上得其城民税款一部分而已。后来亚述人又占领此城。以后经过五百年的沉寂之后，在玛喀比战争（Maccabaean wars）中，基则又是战事的中心。此后，她便永远不见于历史上了。直到了一九〇二年的六月，她才复为马卡力斯忒的锹铲所发见。马卡力斯忒的发掘，其故事长而复杂，决非这里所能细述的。总之，他却将这城市在三千年中的历史与变迁，都追究出来。他发见基则共有八层，表现这城历史的八个时期；在有的地方，六层是消灭不见，剩下止有二层。这可见后来的居民，在有的地方，竟收拾干净了前代的余烬，然后动手，重行建造。基则的房屋大都建于松泥上，经过雨水冲洗之后，便要崩塌。有一座房子塌毁时，压死一个母亲和五个孩子；当骸骨发见时，她手上尚执着刀：显然可知，她那时正备饭给孩子吃，全没料到房子的崩塌下来。在她的尸身上，尚附着衣饰，而墙上还钉着一尊女神的像。

基则的最初居民，文化很低，穴山而居，遗物极少。约当纪元前二五〇〇年或二〇〇〇年时，闪人侵略基则，穴居人便成过去的遗迹，仅留下穴洞而已。闪人建城在山顶，城墙建以大石，高约二十至三十呎，厚约十三呎。城之中央，为国王所居，他是臣属于埃及的。城中有一道大水沟，引水供给人民，水源在一个山洞里。这是基则城中最大工程，或可以说，除了后来的耶路撒冷之外的巴力斯坦最大工程。城中更有一个小庙，奉祀埃及的神，庙墙上满刻埃及文。由此可见埃及的影响，在当时是极深的。他们的工艺品，不是他们的创造，都是模拟埃及的，且是极粗率的。总之，不仅基则，在全部巴力斯坦，自始至终没有一个本地的陶匠，能创造新花样的水瓶，也没有一个铁匠，能创造新式样的刀或箭头。但巴力斯坦人，文化虽低，虽止能模拟他种民族，然在这样的地方，终于兴起最有力量的一神教，产生历史上最伟大的人物，这真是不可解的神秘。

基则的发掘，在《旧约》上并没有什么帮忙。所罗门时代的基则，遗迹被发见的，是几所方形的城塔，显然是添建在外城之上的。亚述时代的基则，唯一的剩物是两片刻文的石版，上面刻有楔形文字；其一是关于买卖奴隶的事，文中担保这些奴隶并无疾病，身体上也无残伤；其他一片叙的是一个希伯来人售去一块田地的详情。在玛喀比战争时代；基则初在希伯来的世仇之手，为独立战争的最大妨碍。但在纪元前一四三年时，西门·玛喀比（Simon Maccabaeans）终于攻下琪塞。发见这个时代的遗物。是一件很有趣的事。一个挑土的女郎，见到城墙边有一块石头，上面隐隐若有刻文，便将这块送给发掘者。石上的刻文被证明是希腊文；由这刻文上面，才知道所发现的是西蒙·玛喀比的宫堡。刻文说："判普剌斯（Pampras）说着：但愿大火烧毁西门的宫殿！"这可见那名为判普剌斯的叙里亚人，为胜利的玛喀比人逐出家宅之外，且被强迫为建筑宫堡的工人，于是他在愤懑不平之际，在石上刻下这个诅咒的话；而这石块后来砌在城墙之内。不料他的诅咒，在二千年之后，反成了证明西蒙·玛喀比宫堡的唯一证据。此后基则的历史，在实际上已到终结，不再有什么可叙述的事，而在发掘的工作上，也便没有得到什么重要的遗物。

我们可以知道，这个建在山上的古城，历史经过三千年至三千五百年，而其居民的人种，则此兴彼仆，自穴居的和立人（Horite）以至亚摩利人（Amorite），希伯来人，埃及人，非利士人，亚述人，马其顿人（Macedonian），然后又是希伯来人。在三千年中，一个民族来，一个民族去，他们都留遗迹在灰烬瓦砾之中，给我们一读他们三千年的历史。这真是一个多变的城市啊！

附录　挽救珍稀文献书信录

木音　致张寿镛（咏霓）

1940年1月10日

咏霓先生：

久未见，至以为念！前途有二电来，敬抄奉，阅后付丙可也。顷写《劫中得书记》一文，附奉一册，敬请指正。专此，匆候

著祺

振铎拜上

29/1/10

1940年2月3日

咏霓先生：

前函拜悉。蒋慰堂先生已有来信，说款已嘱拨，惟尚未到。但阴历年内必须付出各书店清人集款三千余元，玉海堂书款一万七千元，又零星书款二三千元，铁琴铜剑楼款五千元。何先生及某意，拟向暨大先行借款二三万元应付，俟渝款拨来后，即行归还。是否可行，乞即示知，以便照办。清人集细目，明后日可奉上，乞鉴定；又办事细

则已拟就，现送菊老一阅，明后日即可送上，请先生阅定。专此，顺颂

公祺

振铎拜上

29/2/3

1940年2月4日

咏霓先生：

昨奉上一函，想已收到。盼覆。（覆函请送愚园路［近赫德路］庙弄四十四号敝寓。）如同意由暨大垫款，则若干款项于明日即须付出也。兹奉上“办事细则”一份，乞裁酌，并请签注意见。如同意，盼署名纸后。菊老如阅过，来信云：办事规例十条已读过，甚周密。命名只对内不对外，自无可无不可也。弟前声明不与于办事之列，故未能遵命署名于上。传新书店送来《王震泽集》（索价百元），《古越书》（索价六十元）。菊老意，《古越书》系辑合之本，可不购。不知尊见如何？乞示。兹将该二书首数册奉上。请鉴定。清人集目录并奉上。菊老意：（一）全集零种，（二）诗文选抄均可缓购，某极同意。惟谓：（三）铅印本，（四）洪杨乱后人之著述，（五）非初印，（六）非极著名之诗集均可从缓，则敝意略有不同。盖铅印本不能再印，及今不收，后来搜集更难；洪杨乱后人之著述，有关近代史料，且其板经此劫后，存者极少；又如每书必择初印本，则失去者必多。诗集似可不必大量收藏，然不著名人之诗，亦每每有用。好在价目不大，不妨广收。敝见如此，尚乞指示。专此，顺候

公祺

振铎上

29/2/4

1940年2月6日

咏霓先生：

昨已与铁琴铜剑楼瞿凤起君详谈过，经过容面述。《王震泽集》已以九十元购下。玉海堂书昨付定洋三千元。潘博山先生云：邓氏群碧楼书已由孙伯渊与平贾合购，价约四万五千至五万元。（因小费甚多。）其望甚奢。闻欲售十万元左右。当缓缓图之。（抄校本在二百种以上，实为大观。）《兴化县志》（万历刊本）昨已送还，立为平贾所夺，殊可痛心！兹奉上传新送来书六种，其中嘉靖黑口本《袖珍方》，极佳，如去书牌，可冒充元刊。徐贾云：最低价一百六十元，今午或明晨须解决。乞速示知可购否？以便付款。《本草乘雅》惜不全，然实亦罕见书也。敝意《袖珍方》不可放手，不知先生以为如何？专此，顺颂

著祺

振铎上

29/2/6

"清人集"首册，明晨可奉上。

1940年2月13日

咏霓先生：

兹奉上中国书店交来之清人集头本三包，乞审定去取。大部分皆先生所选定者，一部分为某意可留者。其余各肆之书，当分批送上，以免混淆不清。又张葱玉处之抄校本及《史钺》等头本，如已阅毕，乞即交来手带下为荷！朱先生亦有电致何先生，所言与致先生电同。

特以奉闻。办事处颇急于成立，不知法租界有房子可找否？乞便中介绍一二处；单幢房及公寓三间者均可。专此，顺颂

公祺

振铎上

29/2/13

1940年2月16日

咏霓先生：

示悉。各书均已收到不误，勿念！关于价格及取舍，已悉遵来示办理矣。《金石例》及《诗谱》二书，张君如不欲减售，是否不购，乞示。慰堂先生有信来，亦主多购清人集及近代史料。好在此种书所费无多，似不妨尽量多购。不知尊意如何？《史钺》似可不购，惟《六朝人集》甚罕见，且可与在北平所购之嘉靖本《唐百家诗》相配，故甚欲留之。（《唐百家诗》系托赵万里先生购下。）嘉靖本书，每本原不过十元左右；惟近来书价，比较昂贵；普通之书或不及十元一本；罕见者便大为不同。似不必拘泥此价也。且我辈目的在得书；稍纵即逝，"好书"仍将北去，似与初衷相背。万历版《兴化县志》前已失之（我辈一放手，立为平贾夺去），前车可鉴。不能不慎重办理。徐积余先生现仍藏有批校本书数十箱，正在设法商购。（此事甚秘，恐为平贾所知。）徐先生似不能不出让，故须立与之接洽。已托中国书店郭君办此事。俟有消息，当即奉告。现在得书不多，事务清闲，办事处原无需要。惟将来点查书籍，装箱，写目，均非专人，且非专室办理不可。暨大方面职员，未必可靠。此事以慎密为主，故不能假手彼辈。曾与何先生细商。何先生主张为办事慎妥起见，似必须有一大间办事处与一二办事人员也。关于人员方面，原拟借用商务中人，惟商务方面不赞成。不知先生有可靠之人员可调用

否？乞便中示知。公家款项，自以节省为上策。惟为办事的慎重与便利计，似亦不能过于节省也。兹又奉上来青阁及文汇书店送来清人集之首本二包，乞鉴定。前送上中国书店之清人集三包，如已阅毕，乞即交下为荷。专此，顺颂

著祺

振铎拜上

29/2/16

1940年2月23日

咏霓先生：

兹着人取回前交阅之清人集，请即交其带下为荷！传新书店之清人集，多而且杂，费了数日之力，已清理就绪。兹奉上，乞鉴定。又树人书店送来《仁宗大事档案》，索三百元（二十册），又《海左地图》（二十幅）索一百元；兹将菊生先生来示奉上，请参酌办理。敝意《大事档案》并非无用之史料，还以二百，虽似昂，而实则在望其能有“好书”续来也。此人专走常熟一带，常有好抄本书携沪，均为平贾所得。故此次拟以高价购之，俾其后所得书不致“漏失”。不知高见以为如何？乞示。图章俟何先生将款分存各银行毕，即奉还。专此，顺颂

著安

振铎拜上

29/2/23

1940年2月25日

咏霓先生：

兹由何先生交来图章一颗，特请郭先生面奉。郭先生事，已谈妥。关于报酬方面，请先生与之面洽。玉海堂款尚余一万四未付。俟何先生开出支票后，当再请先生盖章，以便付款提书。顷得赵万里先生来函，天津李木斋书，已以四十万元售与伪方（北平），此大可伤心事也！附闻。下星期内，何日有暇，乞示；拟在敝宅茶叙。专此，

匆颂

近祺

振铎上

29/2/25

又，拟托嘉业堂施先生刻书约四册，不知能代为介绍接洽否？

1940年2月26日

咏霓先生：

顷由中国书店送来书数种；《初白庵诗评》等三种，拟自购；我搜藏"诗文评"已有十数年，故颇想留下《初白庵》等书。余数种，兹奉上，乞鉴定。价格若干并请批示。《唐六典》（残）似为"四库底本"，《敬业堂集》价尚合理，批注亦费力甚多；《孟子丛说》虽残而极佳，似均可留。昨有陈仲鱼细批《郡斋读书志》一书，为平贾所夺，殊不快。（书绝佳。）已设法向之转索。如得到，当即送上请鉴阅。又，玉海堂书尚有余款一万四千元未付（已付定洋三千元），兹由何先生开支票一纸；兹奉上，请先生加盖一章即付下，以便明午会同潘博山先生交款取书。专此，顺颂

著祺

振铎拜上

29/2/26

郭先生事，想可决定；已与何先生谈及，亦甚赞同。觉园三楼借用事，慰堂已由【有】覆电来，云：已转电香港叶先生转借矣。

1940年3月1日

咏霓先生：

前日送下各书，均已收到无误，乞勿念！清人集俟全书送齐后，当将先生所选者另行取出奉上。玉海堂刘氏书款已于前日交去，当即将书取来，计共二十二包；现暂存敝处，俟办事处成立后，即移庋。下星期内可约期至敝寓茶叙并看各书；本星期，因凤举先生有事，不能来也。群碧楼书，已约好菊老，于本星期日至孙贾处阅定。详情当续告。兹奉上《辛斋存稿》一部，似甚佳，乞酌定。赵万里先生拟代购元刻《乐府诗集》一部，兹将赵函及菊老函，附奉，乞酌覆。敝意此类书似不应任出【其】流出国外也。天津李木斋书已全部为伪方所得，为之一叹！惜无法救之矣！中国书店金君送来书目一册，内有元刊本四种，明刊数十种，最低价六千元（原索八千；连坊贾、中人佣钱在内），似较购之书肆者为廉。可否购下，乞示！平贾辈又将南下一批。书价日贵，而我们购书者，往往出价不及彼辈，好书仍将不免漏去，不胜焦急之至！宋本《石林诗话》为光华附近某西书肆之物，索价三千，竟已登《字林报》求售，欲售美金二百元。闻先生已阅过。昨日我亦阅过。确是好书。菊老亦阅过，还以五百元，彼不肯售。如为敌方或美国人所得，未免可惜！能设法一救否？闻彼尚有《直讲李先生集》（李觏）亦为宋版。觏集仅有元版，如发见宋版，大是奇事也。慰堂先生一电附奉，请一阅。专此，匆候

著祺

振铎拜上

29/3/1

1940年3月5日

咏霓先生：

兹送上来青阁书四种，文汇书局书七种，皆先生所选定者。如有不合者，乞退还，以便转退各肆。尚有他书，俟送来后再奉上。许文肃及曾惠敏二集，先生如不欲留，敝处亦欲购之。上星期日（三日）下午，曾偕同菊老至孙贾处阅群碧楼书；俟菊老将“书目”圈定后，当再奉上请先生鉴定也。专此，顺候

著安

振铎上

29/3/5

又上次奉上之“书目”一册，如已阅毕，乞见还，以便再与何张二先生一阅。

《紫石泉山房文集》	五本	十元
《曾惠敏公集》	八本	五元
《研六室文钞》	四本	十二元
《许文肃公遗稿》	十本	十五元

以上四种　来青阁

共四十二元　八折　实三十三元六角

《太乙丹集》	六册	二十元
《壮悔堂集》	六册	二元五角
《古微堂集》	六册	二元
《逊学斋集》	十二册	七元
《存研楼集》	八册	六元
《笃素堂集》	二十册	十五元

《好云楼集》　　　八册　　十二元

以上文汇，共码洋六十四元五角　七折　共实洋四十五元一角五分

1940年3月6日

咏霓先生：

昨示奉悉。郭先生可请其于明后日起，先到敝处办公，如何？因许多书均暂存敝处也。法宝处房间最好能商借二间，一作临时书库，一作办公室，似比较可以谨慎些。中国书店昨又送来张氏适园（葱玉）书一批，亦皆为松江韩家旧藏者，虽非上乘，但亦有可留者；已暂于书目作符记。请先生鉴定后赐覆。敝意《阴符经》等数种，确为崇祯抄本，甚佳，似可留也。专此，匆候

公祺

振铎上

29/3/6

1940年3月7日

咏霓先生：

兹附奉“群碧目”三册，又孙贾新抄书目一册，乞选定。敝意所欲购者已在书目上作符记（○或○○）。菊老亦有意见，兹并附上。敝意《国朝典故》似可先取来细阅；果与刻本不同，则似不妨购之也。其他普通书，亦请先生选定。俟选定后，当托潘博山先生与孙贾议价也。（所选一百余种。）其他尚有善本若干，则为叶葵初、潘博山二位所已选去，故未加符记。最近拟寄平二千元（交赵万里先生；可径寄支票给他。因他有友人来沪，可将伪钞给他，而将此支票至沪取款也），何先生已开支票，请加盖图章。又明后日拟先付中国书店六千元书之定洋二千元，俟办事处借定后，再持余款取全书来。明晨

见到何先生时，当再请其开支票一张，请先生盖章也。细估此批书价六千元，确不为昂；其中善本、罕见本，盖不止一百种以上也。（细阅后，尚可发现一部分。）专此，顺请

公祺

振铎上

29/3/7

1940年3月9日

咏霓先生：

兹奉上《查氏文钞》等四种，并菊老函一，乞酌定，示知。敝意《杨文敏集》及《春秋属辞》均佳，惜价较昂耳。《查氏文钞》亦可购，价四十元，未免离奇。《玉笥集》则拟退还；以中国书店经手之六千元某氏书中，亦有此书也。此数书皆平贾王渟馥得之沪上而转售者，故价均高。下星期内，盼能一聚。俟约定一日后，即通知先生。六千元之书，拟先付定洋二千元，已由何先生开支票；乞加盖图章，俟办事处房间借妥后，即可付余款取书来清理。专此，顺候

公祺

振铎上

29/3/9

1940年3月13日

咏霓先生：

兹奉上《留书日札》样本二册（共十二册，极罕见，要价二百六十元，可还一百六十元），翟云升稿本《隶梓》二册（共十六册，价四百元，似太贵），《画家姓氏录》二册（共十六册，价八十元）；前一种为传新书局送来者；后二种为中国书店送来者。顷过

传新，知彼在一二日内可得法院拍卖会一批，共一百二十箱，内丛书甚多，据云：拟售三千余元。约计每箱不过三十余元耳。即全为“局刻”，亦不贵也。且“丛书”中亦有甚贵重者。敝意似可以三千至三千三四百元之价全部购下，即清人集，亦可退还若干，以此中已有不少也。箱子装书可用，故颇以为“廉”。兹将“书目”奉上。不知尊见如何？盼能于明日得覆，且将“书目”赐还。以彼明日要回音也。群碧楼书，重要者在抄校本；据潘博山云：彼等要价在五万元以上。（所选者约一百余种。）今午与孙贾等接洽过，彼云：只要售出本钱，尽可多选些，普通书亦可包括在内。善本书不肯批价，以所批之价太离奇，且不欲拆售也。兹将“普通”书价目单附上，乞酌定。现所最急者为办事处，以许多书须送去堆藏或装箱也。不知法宝馆方面已接洽定局否？至念，至念！！本星期四下午四时左右拟约先生及何、张诸位在敝宅茶叙。先生如无他事，务恳一到，因有许多事要细谈也。“办事细则”已印出，兹奉上一份存查。菊老一信并附上。专此，匆候

公祺

振铎上

29/3/13

1940年3月15日

咏霓先生：

昨谈至畅！中国书店金君经手之杭州胡氏书，共价六千元，前已开支票二千元（此款尚未取去，当连余款一同交去，取书），兹又由何先生开支票二张，一为三千六百元，一为四百元。（此四百元据金君言，系他们之佣金；如此批书佣金仅为四百元，倒还在情理中。）又办事处零购零用款拟先支五十元，亦已由何先生开出支票一张。兹

将支票三张一并奉上，请加盖印章交下为感！今晨树仁书店送来《四库全书》（十册）一部，《皇明名臣碑铭》（八册）一部，均甚佳。索价共一千元，乞鉴定。《四库》本《水经注》已有“珍本”本，或可不购。（然甚佳！）《皇明名臣碑铭》，则似应购之也。先生以为如何？（抄极旧。）专此，顺颂

公祺

振铎上

29/3/15

1940年3月17日

咏霓先生：

前送上二书（计四册），想均已收到，鉴定后乞示覆。（支票三张已收到无误。）杭州胡氏书款六千元（计支票三张，一为二千元，一为三千六百元，一为四百元）已交郭晴湖先生带去；今昨二日，均在该宅查点各书；其中佳本甚多，出于意外。俟全部送齐后，当将佳本逐批送上请鉴阅也。邓氏书，菊老不肯出一主张，兹将来信二封附上，阅后，乞即掷还。究竟应如何办法，乞示！或精选一批上品，次等者皆不要，嘱其逐书开价再商亦可。兹奉上秘书二种，一为季沧苇所辑《全唐诗》誊清本，凡一百五十八册（原缺二册），即群碧楼中物，昨向其索取一阅者。（共送来十册。）一为季辑《唐诗》之底本，系刘晦之物，托李紫东索来一阅者。（共送来一函，五册。）前书孙贾欲索万金；后书，李贾传达刘晦之意，欲索八千金，后书今晨送至菊老府上看过。菊老意，至多不过值三千金。（如系完全无缺者。）此价恐刘氏决不会出售也。不过匆匆一阅，聊快眼福耳。二书相较，底本较誊清本高出多矣！故誊清本决可不收。底本如能削价，敝意大可取也。以其中剪贴之本，佳品不少，实集唐人集之大成！可

作为重辑全唐诗之基础。（我本有此愿。）如有力，敝处颇欲自留之也。惜书生本色，百无所有，徒有望梅止渴耳。其中，如王勃诗，即全采取嘉靖本《五十唐人小集》（想此五十集必全收在内），此“小集”，江建霞曾翻刻过，目之为南宋书棚本。实则，嘉靖本耳。菊老云：尚有宋刻本在内。此书不仅足发清廷窃取李氏书之覆，且实足以匡正《全唐诗》妄改妄删之谬不鲜也。今日数次翻阅，爱不忍释。想先生亦必深喜之也。惜明晨二贾即来取书。阅后，乞即交来手带下为感！专此，顺候

公祺

振铎上

29/3/17

1940年3月20日

咏霓先生：

整理杭州胡氏书（即以六千元购得者）尚未毕。无意中发现“善本”不少。虽其中《仁斋直旨》为明版，非元刊，又其他元版三种，均不甚佳（尚初印）。然中多丁丙、许增校本，且有数种稿本，极难得。其他清人集等均极初印。俟逐步清理后，当分批送上请监阅。（此批书仔细估计，价在万金以上，如零购，尚不止此数。）现在会同郭先生在分别甲乙，并在目录上详注版本及作者。此项工作，极为麻烦，甚盼法宝馆房屋能即日成功，便可移出一部分普通书出来，以便清理善本。此事务恳先生帮助！兹奉上《水经注》八本，《皇明名臣碑铭》六本，连前送上之四本，二书均已全。经数次与树仁商洽，先还以四百元，增至五百元，尚不肯售。最后乃增至五百二十元购定。尚不能算贵也。（比六折低。）我辈对于国家及民族文化均负重责；只要鞠躬尽瘁，忠贞艰苦到底，自不至有人疵议。盖我辈所购

者，决不至浪费公款一丝一毫；书之好坏，价之高低，知者自必甚明了也！一方面固以节俭为主，同时亦应以得书为目的；盖原来目的，固在保存文献也。浪费，乱买，当然对不住国家，如孤本及有关文化之图书，果经眼失收，或一时漏失，为敌所得，则尤失我辈之初衷，且亦大对不住国家也。故我不惜时力，为此事奔走。其中艰苦，诚是“冷暖自知”。虽为时不久，而麻烦已极多。想先生亦必有同感也。然实甘之如饴！盖此本为我辈应尽之责也。昨午在来青阁见到弘光刊《雪窦寺志略》一册（弘光刊，最罕见），及《寓山志》二册，立即购之归；恐稍一踌躇，便将为平贾所夺也。议价数小时，终以五十八元得之。自诧为甚廉。立送菊老处，请鉴阅。菊老来示兹附上。彼意还三十元；但实已以五十八元得之。如此价公家不要，我亦拟自行购下。近日书价，大非前比，然实尚未大涨。如还价过于峻刻，必将漏失许多重要文物。且有许多书，非立付现款，便将瞬即失去，抱憾无穷。故有时不能不当机立断也。前二书可暂藏先生处；雪窦及寓山二志，乞阅后即交下，以便登记。专此，匆候

公祺

振铎拜上

29/3/20

1940年3月21日

咏霓先生：

昨示拜悉。书太多，与僧人杂居，似不便。不知彼等何时迁出？俟迁出后再将办事处移人，如何？惟盼能将一部分书移庋于先生处，一则取阅较便；再则，亦可较为谨慎。乞示！以便搬运。昨树仁书店送翁文恭校本书三种（共索价五百元，似太贵，至多值二百元左右），菊老主不收，我无意见。不知先生以为如何？似甚佳。如公家

不收，不知先生欲留下否？我向不收抄校本书，且价昂，故不能留也。姑奉上，请鉴阅。近来书价之昂，确与菊老有同感。然市价确如是。中国书店最可靠，价亦最廉，而较之二三十年前，则亦大可惊愕。敝处有同、光及民国初书目数种，均注明“价目”，持以与今日市价较之，则如今之视“三代以上”人物也。专此，匆候

公祺

振铎上

29/3/21

1940年3月23日

咏霓先生：

昨晴湖先生奉上各书想均已收到。胡氏各书，均是如此初印者；虽名目不生僻，然其估价均甚高。即无元版在内，此价亦不贵也。像《温集》，市价约可值二三十元。平均每本至少可值二元至五元。可见整批购买，较零购必廉也。前日在来青阁见到薛应旂《宪章录》一部，绝佳，索价五百元，即取二册回（其首册已送出），今日又去取得首册；兹奉上，请鉴阅。（凡十册；但原为二十册；并订之痕迹尚在。）此书绝罕见；所见都为不全者。此是天一阁旧藏，初印干净，虽为万历初年刊，实极可贵。此类史料书，为四库所斥者（见《四库存目》），我辈必须收下。先生以为然否？（史料书不可与寻常集部相提并论。）来青阁肆主杨君，人极诚笃，我与之交易二十余年，向来不大讨虚价。此书恐非三百五十至四百元不可。今日商谈，彼只肯打九折。但想来尚可稍减。斯类古籍，实正是我辈所应访购者。故不可轻轻放过。即议价未妥，亦必不任其外售也。彼肆中又有元、明版书若干种，新由苏州寄到。已选下若干，嘱其送头本来。俟送到，当即奉上，请鉴阅。杨君云：近有一批书，可成交，近八十箱。当嘱以

不可散售，要全部留下。款可先付若干。惟彼云：无目录，但俟阅定后，当详细告知。何先生极主购整批书。此亦一机会也。我辈访购，必须先有见到新出书籍之机会，然后才可选择其精者。现已逐渐可使江南一带所出古书，必须先经我辈阅过，然后再售。然做到此地步，所费时力，已是不少矣。一二月后，必可办到全部好书不致漏失，且使平贾问津无从也。而所需款实亦不多。专此，顺候

公祺

振铎上

29/2【3】/23

顷瞿凤起先生来敝寓，交来宗礼白所藏金石书目一册，拟合售六千元。此批书甚重要，中有罕见本甚多，有o者皆善本；有、者皆容庚《金石目录》所未著录者。兹将此“目”奉上，乞鉴定。敝意此批书似应收购，以其正符应购“专门收藏”之目的也。拟还以四千元或四千五百元，如何？乞示！下午一时，准当偕晴湖先生趋府面谈。届时，乞将此目见还。因尚拟嘱其抽出几种善本来审查。

振铎又启

29/3/23

1940年3月24日

咏霓先生：

昨谈至快！瞿凤起先生顷来敝寓，送来托其向宗氏金石书中提出之书六种（共六册），兹奉上，乞鉴阅。其中，《考古图》实为白眉。《博古图录》印本太坏，不足重，且刘氏书中亦已有一部。《格古要论》原目作天顺本，实则万历本也。《天下金石志》至为罕见，且绝佳；据云：恐不全。其他各书，在付款之前，恐须请郭先生去仔

细点查过。据说，此外无缺卷缺页者。至书价，瞿云：最好四千元能出头。经再三商议结果，瞿云：大约四千元可成交。兹将原目仍奉上。阅后，乞便中交还，以便再交给何先生一阅。《陶氏明板书目》如已检出，乞即［交］来人带下；其中书价，拟过录，以其大足供参考也。此批“金石书”，今晨又将书目仔细看过，确不寻常；以其罕有通行本，而所有者多为难得之书。以此目去配购通行本，便容易得多了。自可成为完备之一“金石书库”。论其价格固不能算甚廉，然如经书贾手，则必不至此数也。瞿云：宗氏原有金石书近千种。携沪者仅此二百余种，余皆通行本，已尽遭秦劫矣！殊堪浩叹也！法宝馆房屋，与僧人杂居，且无可关锁之门，极不方便，亦极不谨慎。只可作为办公之用，决不能作储藏之用，且绝对放不下四五十箱之书，在彼等整理编目也。如欲放存一百数十箱，加以清理、分类，则非另行觅屋不可。俟明日与何先生一商，当再向先生请教。专此，匆候

公祺

振铎拜上

29/3/24

1940年3月26日

咏霓先生：

孙贾昨曾将群碧目中各书，注明价格送来，当即转送菊老审定。今晨得菊老一函，兹附上。（请并菊老前一函阅后，一并掷还为感。）惟并未将“书目”附来。俟送来后，当再送先生阅定。《涉园目》已传录一过，谨奉还。谢谢！来青阁送来书若干种，兹奉上十册（计九种），乞鉴定。瞿凤起先生顷来敝寓云：前途已允以四千元成交；惟中有《金石录》四册（翁松禅校），早已售去，误列此目，拟易以他书。敝意，可允之。（似须由售主来一声明为妥。）约定明午点书。其目录一册，

乞即先交来手带下；用毕，即奉上，不误。郭晴湖先生之薪金，拟送四十元或五十元，乞先生示知，以便照办。专此，匆候

公祺

振铎拜上

29/3/26

1940年3月27日

咏霓先生：

昨示奉悉。“金石书目”拟今日下午点收后，即可奉上。送上各书，留存先生处数日，自不妨。可不必急急见还也。翁文恭批归集等三书，树仁书店昨来云：前途坚索三百二十元，不肯再让价。先生如以为此价可购，当嘱其将全书送上。否则，请将各首册还之。敝意：《诚斋易传》及《归集》最佳。或可选购。最好，请鉴定是否翁氏亲笔；如非亲笔，则不足重矣！晴湖先生酬报，决定致送五十元。兹由何先生开出支票一纸（计四千元整），为宗氏书款，乞加盖图章；于下午点收无误后，当即将此款面交给瞿凤起先生也。为公家购书，确较私人为不易。我为自己购书，如为我所喜者，每不吝重值；但为公家购书，则反议价至酷。我辈爱护民族文献，视同性命。千辛万苦，自所不辞。近虽忙迫，然亦甘之如饴也。专此，顺候

公祺

振铎上

29/3/27

1940年3月28日

咏霓先生：

树仁顷已将《归集》等全书送来，兹奉上，乞鉴阅。关江西袁氏

书事，已与何先生谈过；由中国书店负责，且由他们出收据，决无危险，故已签好支票一张计三千元。（拟付三千元，不必付五千元。）兹附上，请加盖印章后，即交来人带下为荷！因下午一时许，中国书店中人即来取票也。其书目，即可设法取来。专此，匆候

近祺

振铎上

29/3/28

1940年3月29日

咏霓先生：

昨夜拟就致蒋慰堂先生函一件，请改削。当誊清发出。瞿凤起先生有书一批；前日在铁琴铜剑楼阅过，确均甚佳。兹将书单奉上。各书首册，俟送来后即奉上，请鉴阅。彼拟再加数种，凑齐二十种，共售二千元。敝意不妨允之。盖此为首批交易，不宜过分压抑。其实，书价亦殊相当。敝意，以《营造法式》为最佳，可谓“压卷之作”之一也。赵斐云先生由平寄来《神器谱》一册，价一百五十元，最为佳妙，兹奉上，乞一阅。致蒋函中所云：《牛首山志》《中山集》及《宝日堂志》等，均已取得，兹奉上，乞鉴定。敝意《牛首山志》及《宝日堂志》万不可放手；以有关文献甚大也！《河东盐法》以八元得之。此类书似亦可收。先生以为如何？汉文渊昨送来万历彩色板《奕薮》六册，坚索百元，似极佳，可留。乞酌定。又有洪迈刻《文选》，亦索百元，则较廉。二者拟以一百八十元合购。可否？宗氏金石书目已嘱其在每页上盖印为凭。《金石录》一书，已易他书三种，计共一百二十六（？）种，较原来数目，多出五种。俟其交还后，即奉上。（已由晴湖誊清一份在敝处。）袁氏书正在接洽中；有宋本白文五经（《左传》在内，最罕见，各家目皆无之），黄跋《夷坚志》

（二部），元本《白云集》，劳校《滹南遗老集》等十种，总计近一千种书。价约在五万以上。俟取得“书目”后再商决。惟此批书价值远在邓氏群碧书以上，似必须促其成功也。专此，匆候

公祺

振铎上

29/3/29

1940年3月30日

咏霓先生：

法院拍卖之李氏书，已由传新书店购成；四月一日付款取书。共一百二十箱，拟暂时寄存法租界暨大图书馆。（已清理出一室，专藏这一批书。）一切费用（连车力）在内，共三千八百元。（内字画值二百元。）兹由何先生开出支票，奉上，乞即加盖图章交下，以便于下午交去。“书目”并附奉；阅后，乞即交下，以便查点各书。此批书甚廉。其中尚有明板白绵纸书在内，查点时当提出。旅行箱已购二只，尚不敷用，仅《玉海》已装一箱。似尚须再购二只。北平赵先生寄来《神器谱》一册，价一百五十元，绝为精妙。兹奉上，乞鉴阅。又铁琴铜剑楼书，共二十种，已商妥二千元，中有洪武本《元史》及《营造法式》，最佳。《法式》，兹奉上数册，乞鉴定。（《爱日精庐书目》著录。）专此，顺颂

公祺

振铎上

29/3/30

1940年4月2日

咏霓先生：

瞿氏书二十种。昨已与凤起先生面商，以二千元购之。各书均已送来，兹奉上十一种（十七册），乞鉴阅。《元史》为洪武本，有补板，然亦有极初印者在内。此外，以《渑水燕谈录》《龙门凝道记》《滕王阁集》为最佳。元版数种，虽不甚佳，亦可留。好在瞿氏交易，此仅“发端”。已与凤起先生约定，将来如欲售何书，必不交坊贾经手，而先送敝处。当可陆续获得不少也。袁氏书，闻“善本”甚多，书目尚未取得，“定洋”三千元，亦暂存中国书店，未付去。近来平贾来者益众，如文禄堂、邃雅斋、修文堂等均已来此。闻来薰阁等不日亦将到，彼等之意何居乎？恐必在嘉业堂书上作计算。又袁氏书出售事，如为其所知，亦必将千方百计求之，其价必将大昂。乞千万秘之。嘉业堂事，乞便中与施君一谈。日来甚为焦急，恐平贾辈有异图，盖彼等不独神通广大，抑且资力雄厚也。如上海藏家之“书”，我们失收，实在对不住“国家”也。正多方设法，阻其进行。专此，匆候

公祺

振铎拜上

29/4/2

李氏拍卖书，已购下。今日或明日可送至法宝馆。（瞿目附上。）

1940年4月2日

咏霓先生：

兹附上支票二纸，一“二千元”，交瞿氏；一“三千元”，为办事处零购之用。乞于加盖图章后交还为感！（致何先生一函，附上。阅后，乞见还。）顷传新主人来，交阅“法院”收条，李氏书已购妥；惟书存栈房中，须下星期一二始可运出。好在本星期内，可赶办已购各书盖印及装箱事；“善本”书，现有者可装四大箱（旅行箱），已托何先生与马爵士商议，寄存汇丰，比较的稳妥。瞿凤起先生介绍宗湘文（即礼白）氏书四种，元刊本《中峰和尚广录》及《宝鸡县志》等均少见，原索六百元，经与瞿先生详商，大约五百元可购得。兹奉上各书首册（共五册），乞鉴阅。袁氏书（袁名思亮，湘潭人，号伯揆，与菊翁相熟，新近故世。不知先生知之否？）大约明后日可将“书目”交来。这批书大可注意。决不让平贾得之。嘉业堂书甚可危。乞便中进行。至瞿氏书，则平贾想望甚殷。然凤起先生对我再四声明，绝不他售，当必不再有问题也。赵斐云先生昨有函来，说诵芬氏之元刊元代《乐府诗集》已以一千八百元购妥，不日即可寄来。又致慰堂函，已抄好。乞签字。又“图章”二颗已刻好。兹奉上样张一纸。此为暗号，不可令“外人”知也。“样张”请存，备查。

专此，匆候

公祺

振铎上

29/4/2

1940年4月7日

咏霓先生：

光华附中事，何先生已与关系方面通过电话；我昨日遇到某君，亦曾谈过；大致可无多大问题。兹奉上中国书店送来之《三子口义》一部，系嘉靖原刊本，似甚佳。索价一百四十元。乞鉴阅。又万历版《平播全书》一部（来青阁书），极罕见（虽《畿辅丛书》中有之，然原刊从未见过），初望甚奢，欲售八百元，又云：可售二千元。后知《畿辅》中已刊过，乃突跌价至三百余元。经商妥：以三百二十元成交。是否可购，仍乞决定。盖此类“史料”书，价格飞腾，似不能以其为万历竹纸本而忽视之也。顷潘博山先生偕孙贾伯渊过敝寓，细谈群碧书事。孙贾云：文禄堂王晋卿已出价五万五千元。如我们可以此数成交者，彼极愿售予我们，决不售予平贾。盖彼本系与我们商谈，且亦极不愿平贾辇之北去也。是否实情不可知。然态度尚诚恳。彼云：今日要确定回音，如我们不能出到五万五千元（善本及普通书均在内）者，则只好售予平贾矣。盖平贾每日均至孙贾处数次，催办此事，势已不能再延矣，云云。可否之处，尚乞主持，决定。何先生与我均无异议。尚盼即覆数行为感！专此，匆候

公祺

振铎拜上

29/4/7

1940年4月8日

咏霓先生：

孙伯渊支票五万五千元，已由何先生开出，请加盖图章赐还为荷。杭贾某来沪，携来数书，为选明刊《世说新语》及《石门诗存》

二种，价共一百二十元。《石门诗存》为稿本，未刊，似尤可贵。又平贾孙实君送来《桂洲奏议》及《名山藏》各一册；《名山藏》共一〇五卷，四十册，索四百五十元；《桂洲奏议》索八十元，似不全，尚未详查也。从中国书店遇叶贾，得《元史译文证补》一部；书极平常，然郑叔问一跋甚佳，故以十四元得之。并奉上，乞鉴阅。又前奉上之头本，如已阅毕，乞便中交下。专此，匆候

公祺

振铎拜上

29/4/8

1940年4月11日

咏霓先生：

昨示奉悉，各书均已照收无误，乞勿念！《龙门子凝道记》当于最近期内影抄一部奉上。所有虫蛀应修各书，自当遵嘱剔出，不予装箱。昨日下午，由孙贾送来群碧楼各书（已运沪之一部分），业已点收无误。（计共三千一百余册。）其中有《菰中随笔》等二书已售予叶葵初，《初学记》残本一部，尚未觅得，将来应如何处理，正在与孙贾交涉中。在此三千一百余册中，佳本缤纷，应接不暇。非先生力为主持购下，必将追憾无已也！兹奉上点收之全单一份；或分批送阅，或从中抽阅，均请通知，以便送书。尚有“普通书”（中亦有元刊本数种及内聚珍等）十倍于此数者，尚在苏州；孙贾即赴苏包扎寄来。闻孙贾云：全数近四万册。（此数似不大可靠；然有书目可点查。）大抵三万册以上之数必可有。如此，则平均计算，每册不过一元以上，二元以下也。非先生主张“普通本”亦应兼收者，则又将失之交臂矣。款已全数交与孙贾。（因支票系记名者，且系一张，不便分割。）彼甚可靠，必无问题。《十六国春秋》余书，兹奉上。支票

二张，附奉，乞加盖图章后掷下。附上赵斐云兄来函一件，又致何先生函一件。阅后，乞见还存档。专此，匆颂

公祺

振铎拜上

29/4/11

1940年4月16日

咏霓先生：

兹又奉上群碧楼书，《世美堂未刻稿》等善本二十种，计二十五册，乞察收，鉴阅。晴湖先生等刻在敝寓装杭州胡氏书，因敝处堆积太多，无法措置，故非先装出一批不可。大约有五六日可将普通书装毕。然后再到法宝馆装李氏书。敝意李氏书，提出善本若干种后，亦以装大木箱为宜。以可腾出书箱来装群碧普通书。此项普通书较李氏书多出三倍以上。将来由苏寄到后，恐须分藏法宝馆及敝处。现在每装一箱，必于箱盖里面，粘一书目，并另立一簿，详载每箱书名及册数，由我签字为凭。昨所装一箱，共装书七百九十余册。平均每一大箱约可装七百册以上。大约暂时三十大箱可以敷用。但如装群碧书，恐非再做二三十只不可。惟恐无地可堆积空箱耳。“善本书”编目装箱，较费手续，以每书均须我亲自动笔写目，详载版本及内容也。北平赵斐云先生处款五千元，已汇去，计共在平可取伪币五千三百十九元余。（由敦泰永银号汇去。）此多出之三百余元，亦意外之收入也。如由银行汇，则似不至有此项“升水”，且尚需汇费若干。赵先生寄来之“孟姜宝卷”兹附奉。我收藏宝卷甚多，明刊者亦有不少。故拟自留。然其价殊昂，尚未能决定。来青阁前次送来之南丰类稿等，不知已鉴阅毕否？应否购下，或由先生自购，乞示，以便转告。兹又有汉文渊送来明刊书数种，其中白云楼集最佳，惜价太贵，菊先

生已阅过，其中数种已退回。我所编《中国版画史》样本已印出，兹附奉一册，请指正。先生所藏方瑞生墨海，拟请借印数幅，不知能见允否？专此，匆颂

公祺

振铎拜上

29/4/16

1940年4月19日

咏霓先生：

邓书二批，共四十种，想均已鉴阅完毕。明晨当再奉上二十种。全部“善本”在三百种以上。一月以内，当可陆续送上。来青阁曾购得西泠印社底货八十余捆；我知道这消息，立赴该肆，费数小时之力，细细拣选，计得《萧山丛书》等十余种。兹奉上抄本《萧山丛书》一部（索三百元），又抄本《海甸野史》一部（索八十元），乞鉴阅。来青阁前送之《南丰类稿》等三书，乞决定一下。又汉文渊各书，可购否？并乞便中示知！连日整理杭州胡氏书，并即加装箱，弄得筋疲力尽。计“丙”类书已装好四箱，大约尚可再装二箱。此六箱书，不知能先行送藏某处否？“乙”类书约计可装二大箱。“甲”类书约计可装一二旅行箱。此批书装毕，便当着手装玉海堂书及群碧楼书了。“丙”类为“普通”书；“乙”类为万历以后明刊本及康熙、乾隆间之善本书（包括普通之抄校本；殿版初印本；内聚珍丛书；汲古阁所刊书，及罕见初印之清人集等）；“甲”类书为宋、元刊本，明刊之善本，及抄校善本。如此分类，未知妥善否？乞示！前日奉上之“版画史样本”，一本，乞指正。《方瑞生墨海》一书，不知能便中检出借用否？光华附中事，想已无问题。甚念，甚念！彼辈似有整个计划。但如应付得法，必可无问题。否则，难免“节外生枝”。复

旦、大夏闻均甚感狼狈。惟敝校尚可相安。亦以对付得法，相见以诚之故也。赵斐云先生来函云：又有《神器谱或问》（抄本），《杜诗笺》（抄本），《河东盐法录》及《来集》之《外书》等寄来。俟收到后，即当奉上请鉴阅也。专此，匆候

公祺

振铎拜上

29/4/19

1940年4月20日

咏霓先生：

昨示及书三包均奉悉。兹又奉上邓书《春秋分纪》等书二十种，乞鉴阅。星期日上午十一时左右当至先生处面谈一切。闻刘晦之书有全部出让意。平贾王晋卿在此，必有所图。殊为焦急！袁伯夔书，中国书店一时无从进行。正托人设法。否则，恐亦将为平贾所得也。（刘晦之书闻索价六十万元。有宋本七八十种。）专此，匆候

公祺

振铎上

29/4/20

1940年4月22日

咏霓先生：

昨两示并书及“档案”二包，均已收到。“档案”及敦煌写本均已还原主矣。兹奉上《杜诗笺》全书一包，又北平修绠堂来书二包，乞鉴阅。修绠堂书原系寄沪售给满铁者。特设法先行扣下拣选。明晨或后日晨，乞即见还为荷！敝意可购者已以〇为记；请先生指示，或再选若干。施韵秋君不知今日先生能与之见面否？盼他能于今夜或明

晨来敝寓一谈。因有要事待商也。张芹伯处善本，恐平贾有攘夺意，故不能不与之细谈。又昨午至孙贾处阅书，计黄跋及宋、元、明版书凡七十一种，皆张葱玉物，非芹伯者。其细目，明晨当可取得。专此，匆候

公祺

振铎上

29/4/22

1940年4月23日

咏霓先生：

昨午在中国书店得万历本《河防一览》八册（价四十元），甚为得意！又得《诗古微》一部。（价十八元？未商定。）兹奉上“首册”各一本，乞鉴阅。又从修绠堂打包书中（原拟寄平者）抽取《盟鸥堂集》二册。（虽残，极佳；中多征倭史料，故虽价昂至四十元，亦收之。）《南汉春秋》四册，兹亦奉上，请阅定。修绠堂孙君今晨来敝寓，下午即赴宁。所送各书，其价已开出。（约可打九折，正在商。）兹奉上，阅后，乞掷还。又瞿氏又交来书十五种，均佳；《毛诗注疏》尤为上品（宋版）。价共二千四百二十元，但可以二千元成交。（正在商，瞿君尚有难色。）兹先将帐单奉上，各书待后补奉。陶兰泉氏书款四千元，其支票已由何先生开来，兹附上，乞查收，专此，顺颂

公祺

振铎上

29/4/23

1940年4月24日

咏霓先生：

兹奉上铁琴铜剑楼书十八册（计十三种），乞检收、鉴阅。尚有蜀本《宋书》（元、明补）及《茶经》尚在装修，故未能一并奉上。共估价洋二千四百二十元，今晨，风起先生来敝寓，经与细商，已允以二千元成交。其中《毛诗注疏》及《宋书》均佳。至《春秋经传集解》原亦作宋刊，但风起明言，实为明翻本。可见其诚笃！昨曾送数书至菊老处，兹已得覆，附奉，乞于阅后即掷还。修绠堂各书曾抽出数种，请菊老鉴定。菊老来函所云：《辍耕录》陶兰泉曾摹刻小字本，实则，此即兰泉摹刻底本也。专此，匆候

公祺

振铎拜上

29/4/24

1940年4月25日

咏霓先生：

连续三日下午，会同晴湖先生，督视孙贾点交邓氏普通书，至昨日下午四时许，已全部点交完毕。约共二万册左右。（未计算。）不在底帐中之书，约有十余捆。其余皆与底帐相符。中约阙二三种，在查询中。普通书中亦有"善本"在。如元刊《唐文粹》及《本草》均甚佳。内聚珍各种亦佳。"内聚珍"曾据陶目细对，所阙者不及六十种，如合以杭州胡氏书所有者，则所阙者不及五十余种，甚易配全也。汲古书亦可设法配齐。此二大类颇可珍视也。至孙贾所云"四万册"，实妄言也，殊为不快！昨在中国，得"内聚珍"《吏部则例》，凡六十九卷，二十二册，极罕见，价一百六十元。盖不在"聚

珍板丛书”中者。兹奉上数册，乞鉴阅。又北平修文堂孙贾实君寄来明蓝校抄本《说郛》（嘉靖抄）全部，凡一百卷，十套，六十四册，极佳，本为陶氏物，索一千元，约八百元可成交。似亦不甚昂。此亦张氏校印本所据者。（商务出版。）张校本中多误字阙文，赖此补正者甚多，故亦甚可重视也。兹先奉上一套，乞阅定。瞿氏书以宋版《毛诗》为最佳，次为《宋书》，及《左传》，余皆“凑数”者耳。有此数种，二千之数，已不为昂也。专此，匆候

公祺

振铎上

29/4/25

1940年4月25日

咏霓先生：

上午奉上书一包及一函，想已收到。顷汉文渊又送来《大明一统志》等三书，似均尚佳。兹奉上，乞鉴阅。《一统志》最多不过三百元，《十七史详节》似可还价二百元；至左克明《乐府》恐至多不过值七八十元至百元也。尚乞裁决。致蒋函已拟就，兹奉上，乞改正后交还，以便再行誊清发出。瞿书款二千元，何先生已开出支票一纸，兹附奉，乞盖章；又支票领取证一纸，并乞盖章，以便转交何先生。专此，顺候

公祺

振铎拜上

29/4/25

1940年4月29日

咏霓先生：

数日来，晴湖先生因事告假未来，大约今明日或可以来此。传新书店送来周越然君托售之书七种，兹奉上，乞鉴阅。其中，以《郁仪楼集》为最精；《济【齐】云山史》似非全书，然亦佳。又，中国书店从傅节子（以礼）后人处得到明季史料及他书若干种，为选留若干。兹先奉上《小腆纪传》等数种，乞阅定。此数书皆极重要。惟《小腆纪传》有光绪间印本；因未得其本，故不能一校。他如《酌中志余》《岭表纪年》《甲申朝野【事】小纪》（共五编，最全）等，均未见过刻本。《南疆逸史》最佳。通行刊本皆为二十卷及四十四卷，此本独为五十六卷，确是全书，尤为珍秘。至万历刊本《络绎吟》及《嘉靖以来内阁首辅传》亦均罕见，似可留。价似昂。然中国得价亦高。经再三商议，可照码打八折。傅氏书尚多，闻可陆续售出。尚有《国榷》及《明末五小史》（均旧抄本）（傅书欲夺者甚多，乞千万秘之）亦可设法得到。惟其价恐将甚昂耳。敝意，关于史料书，如实在罕见与无刻本者，即价昂，亦不能不收下也。此类书，关系“文献”最巨，似万不宜放手。闻平贾辈近数日皆群趋至苏州，盖以苏州许博明及吴瞿庵二家留苏之书均将出售也。嘉业堂及张芹伯二处必须尽快设法。此数月中诚江南文化之生死存亡关头也。张芹伯好书最多。闻先生已至芹伯处谈过。深盼有一结果。平贾辈对此批书最为注意，且闻张氏亦正需款颇急也。如尚未与之商洽，务恳便中能设法与之一谈是感！附奉帐单二纸。专此，匆候

公祺

振铎拜上

29/4/29

1940年4月30日

咏霓先生：

奉上支票二纸及致何先生函一件，函阅后，乞即见还，以便归档。支票盖章后，亦乞交下为荷。修文堂孙贾在苏、常一带收书不少。《周益公大全集》为知圣道斋抄本，彭元瑞校，共三十二厚册，似极佳。又《杜律颇解》，极罕见，为吕晚村旧藏，似亦佳。周集以十元一册得之，似尚不昂。乞指示。彼尚有《皇明宪实》等史料书，不日亦可交来。《春秋大全》首册稍破，可修补，余皆完整，价约一百余元。又《说郛》亦以八百元成交，似不能算贵。兹先付彼三千元，实无问题。彼辈可代我们在各地收书，究竟方便得多，且易得好书也。兹共奉上修文堂书六种，共十一册，乞鉴阅。施君昨已来过，谈得甚久。张芹伯书索美金三万，姑置之，俟得其“目”后再进行，先生以为如何？施君当于明日起至敝处编目。专此，匆候

公祺

振铎上

29/4/30

（《新唐书略》为天一阁旧藏，共十六册）

又，罗振常送到先生处之天一阁书，请万勿退还之。殊可宝也。

1940年5月1日

咏霓先生：

昨示及支票二纸均奉悉。孙贾支票一纸，已于今晨交去。《华延年室题跋》二册，兹附还，因敝处亦有之也。传书兹又奉上四种，二十四册，乞鉴阅。中国书店又交来《诗经图谱》一部，计十二册，

绘画甚佳，是“美术”品，非仅“著作”也。初索价甚昂，经数日之接洽，大约可以八百元收之。如嫌过昂，则还之可也。惟彼辈拟携宁售之某奸，故甚踌躇，不欲放手。乞鉴阅并裁决。罗子经处所藏之天一阁书，皆其秘藏，不欲轻售者。几乎每种皆难得之物。乞留意是荷！孙贾伯渊昨又交来张葱玉托售之书单一批，共七十余种，书已约略看过，均不坏，而价极昂。其有黄跋之九种，尚不甚居奇。惜不肯拆售耳。除去不必要及重复之五种外，乞再加汰除，然后与之议价。闻均为张氏之原价，孙贾仅居间，成后，欲加若干佣金。其间，如金刊本《地理新书》等均孤本。阅后，乞将原单见还。欲提阅何书，当即嘱其送上。张芹伯书价目究竟太大；不知能以三四十万间解决否？嘉业堂善本书当可得到；其中明初刊本一千八百余种，实奇秘之宝藏也。出三十万左右，或可成交。刘晦之书，价更离奇。拟选购其中精华，不过十万八万左右。大约，除瞿氏书外，有八十万左右，便可网罗江南诸大家矣。但均须待款有确实着落时，始可加紧进行。现时只能姑事接洽耳。不必急急也。苏州方面，闻许博明及吴瞿庵二家所遗之书，均有出售意。故平贾辈又纷纷赴苏矣。孙贾伯渊及中国书店亦均于今晨去苏。将来不知“鹿死谁手”。然好书必可为我辈所得也。袁氏书大约再有半月，便可解决。此皆现时力量所能及者。想来蒋君方面必可续有接济。否则，一至夏秋间，便将艰于周转矣。晴湖先生迄未到敝处办公。有一函来，云，赴苏祭扫。不知在光华附中方面，是否亦用此理由告假？一二日内，甚盼能面谈一次。专此，匆候

公祺

振铎上

29/5/1

晴湖先生顷有电话来，云：已由苏回，明天可来此办公。

1940年5月3日

咏霓先生：

前昨二函并送下各书均已收到。傅氏明季稗史佳者至多。惟不能全部同时得到，仅能分批零星购之耳。《甲申朝事小纪》，较谢国桢《晚明史籍考》所著录者，多出“第四”“第五”两编，又第三编多出四卷（计共多出二十卷，通行抄本及《痛史》本皆仅为第一二编及第三编之前四卷），可见其佳妙。此类史料书，不仅应传抄，实应流布人间也。俟集合数十种后，当汇为一丛书，与商务一商，设法刊行。先生以为如何？《络纬吟》等书，索价诚昂。然近来，万历本之书，往往有较嘉、隆乃至正德刊本为更趋时者；尤以罕见之“集”部为然。但当如尊意还价，暂行搁置亦可。然诸“史料书”则万不可放手！《诗经图谱》请即暂藏先生处。此书不易录副，以无好绘手也；诚不如付之石印。当与商务一商之。中国书店又送来傅氏书一批，除《郡斋读书志》及《清白士集》暂留敝处外，余均奉上，乞鉴阅。敝意《翦闯》《剿闯》二书为最好；《野获编》如与刻本有不同处，亦可留。余皆中等物也。《贰臣传》排印本仅十二卷，此则为二十卷也。专此，匆候

公祺

振铎上

29/5/3

经昨日之大风波外，恐书价又将大昂，采购更觉为难矣。

1940年5月4日

咏霓先生：

顷奉手示并书二包，均已收悉。傅氏书尚有不少；俟其续出时，当陆续得之。惟中经数手，未免出价要较昂些。且十分好之书，以及旧抄旧校之本，均尚在观望，一时不肯捐出。兹奉上叶贾送来之《相臣传》（四十八册）（索价至少三百六十元），《后汉书补逸》（蔡孑民校，可留。已还价七十元），《鹖冠子》（索价八十元）及《翰苑集》（索价乙百元）。乞鉴阅。敝意《鹖冠子》及《翰苑集》须斟酌再还价，或可不购。至《相臣传》及《后汉书补逸》，一因其罕见，一重其为蔡校，似均应留下。不知先生以为如何？施君顷送来刘晦之书目十二册，想先生已约略阅过。其书太杂乱，且宋刊与“新译”杂陈，仅取其量多，不计其质之好坏，实无大藏书家之风度。当以半月之力，另抄出一目，“眉目”或可较为清朗。似应选购，不必统收也。不知尊意以为如何？专此，顺候

公祺

振铎上

29/5/4

1940年5月6日

咏霓先生：

昨示并书四包均已收到。各书价格，当遵嘱与叶贾一商。昨日见叶贾时，曾与之商《相臣传》事，其价已可减让至三百二十元。先生所示各书均甚佳，蟫隐庐各种尤好，价亦甚中平。不知便中能将《御倭条例》等数种交下一阅否？惟汪刻《文选》较为习见，价亦较昂。

请暂缓付款，俟斟酌后再行决定，如何？款一千元，当即请何先生开出支票后奉上。修绠堂由平寄来书十四种（共十九册），兹奉上，乞鉴阅。其中抄校本似皆极佳。均去岁冬天在沪得去者。《皇极篇》亦甚罕见。专此，顺颂

公祺

振铎拜上

29/5/6

1940年5月6日

咏霓先生：

晨间奉上一函及书一包想均已收到。支票一张（一千元），已由何先生开出，兹奉上。又应付中国书店傅氏书洋一千五百元（先付，未结算），又《诗经图谱》八百元，共二千三百元支票一张，乞于加盖图章后交下。传新书店顷送来周越然所藏《永乐大典》二册，“李”字一册，尤佳，似不可放手。然每册索价至一千二百元，似太昂。如欲留，恐至少非一千元一册（或更要加些）不办。兹将该书二册奉上，请鉴阅，并请即赐还。因约定今日下午四时左右要来取还也。专此，匆候

公祺

振铎上

29/5/6

1940年5月7日

咏霓先生：

昨示及《御倭军制》等三种，均已收到，各书均极可爱；《春雨楼集》恐未曾石印，则诚是孤本也。《御倭军制》拟抄存一份。先

生如欲抄者，乞示知，以便并行办理。《皇极篇》全书尚未寄到；俟到时，即奉上。法宝馆处函，昨已由晴湖先生处理矣。蒋函第二号，今晨已托何先生寄出。昨日“赵同璧”名之支票一张，系误行夹入；盖并非购书之款也。好在并无问题，多盖一章亦无妨。北平来薰阁主人陈济川昨送来澹生堂抄本《乐全先生集》（十四册）及《流芳录》（四册），均甚佳，兹奉上，乞鉴阅。价尚未商妥。此人与张凤举先生及我均甚熟悉；尚有燕赵人之侠气，颇可信托。彼欲代我们向北平各小肆收书，鄙意似可托之。盖彼于各肆均可任意搬取，颇省我辈访求之劳；如有不需要者，亦随时可退还之。彼即将赴平，欲携去五千元。鄙意此款必可无问题。先生如赞同，当即请何先生开支票。关于嘉业堂事，因关系重大，亦已嘱其暂时不必进行矣。专此，顺候

公祺

振铎上

29/5/7

1940年5月8日

咏霓先生：

昨奉手示并书数包，均已收悉。交陈济川之支票一纸，已由何先生开出，兹附上，乞于加盖印章后交下为荷！汉文渊林贾又送来明清版书六七种，除所谓宋本《说文五音韵谱》系明版染色冒充，立即退还外，余六种，兹奉上，乞鉴阅。所开价均甚荒唐。（前者此人以正德本《十七史详节》求售，索价亦极高，仅以二百元得之，合仅“四折”不到也。）其中似以《救荒本草》为最佳，惜不全。专此，顺颂

公祺

振铎上

29/5/8

赵万里先生来函云：有数书已寄出；俟寄到，即奉上，请鉴阅。

1940年5月11日

咏霓先生：

平贾辈近渐以其底货运沪求售，其中尽有佳品，亦有一部分是新收者。彼辈在山西、山东及湖北收得好书不少；河北境内尤多。王晋卿（文禄堂）昨寄来周宪王《牡丹诗图》及《太古遗音》等书九册，皆明初彩绘本。《牡丹诗》及《太音【古】遗音》皆有宣德刊本，然皆不附图。此附彩绘，似尤可贵。实是美术品，可作为明初绘画观。惜作者无名耳。王贾索值至五千元，可谓昂矣！闻为徐梧生旧藏。尚有他物，俟收到后，当奉上。前日在来青阁得《山堂考索》（正德本，甚罕见），共四集，二十二册，吴荣光旧藏，实价三百元；又得永乐内府刊本《历代名臣奏议》一百五十册（仅寄样本数册来，余书在苏，未寄到），价四百元。（尚是明代原装，不加装修。）此书极难得。（邵亭目已云然。）故立取其首二册回。兹并奉上，乞鉴阅。周越然兄处《永乐大典》二册，已以二千三百元成交。（附送《齐云山史》一部。）兹由何先生开好支票一张，乞于加盖图章后即交下为感！专此，顺候

公祺

振铎上

29/5/11

1940年5月12日

咏霓先生：

昨示并书一包及支票（二千三百元）一张，均已收到。“支票”当即交给传新主人矣。来青阁送来之《山堂考索》及《历代名臣奏

议》，其价均已商之再三，似不易再予减削。无已，或将《考索》退回，而留下《历代奏议》，如何？乞裁酌。盖《奏议》篇页甚巨，实不易再得也。前示所云：《稗海》本《东观奏记》，兹从敝藏中检出奉上。乞便中一校。至《江淮异人录》则《稗海》无之。《函海》及《道藏》均有此书，而以《道藏》为最完全。不知能借到一校否？所需录副各书，正在着人抄录。俟抄就，当即奉上。《牡丹诗》等二书，拟还价四折（即二千元），不知可否？当遵嘱与何先生一商。文禄堂王贾昨又寄来书十二包，大半皆徐梧生旧藏，亦有甚佳者。据其来函云：零购七折，“全购”当可再行减削。敝意，可选购若干，而还以对折。不知先生以为如何？其中，似以《石渠宝笈续编》为最佳，《诗义矜式》及《存复斋集》次之。又前付来薰阁陈济川之支票（五千元），因图章模糊，退回。乞再补盖一章为感！陈贾约定于正午时来取。专此，顺颂

公祺

振铎上

29/5/12

1940年5月13日

咏霓先生：

顷由何先生交来慰堂先生一函，当即拟覆一函，兹并原函奉上，请阅后（去函乞改正）交下，以便誊清寄发。北平赵先生寄来三书，皆先已购妥者；均极佳！兹奉上数册，乞鉴阅。如需阅全书，乞示知，当补奉。又中国书店交来嘉靖刊《常熟县志》，为翁氏旧藏，绝为佳妙。北平图书馆所藏者仅残存“六、七”两卷，此为全书，尤罕见。不能不与美人一争。索价五百元，当可削减。又中国书店云：有《大清会典》三百余部，为内政部旧藏，被日人运沪拍卖，约万元可

得。我们似可借款给中国购之，而取得数十部为报酬。（此书市价每部约二三百元。）慰堂正要此书，可立寄二部去；不费“分文”也。先生以为如何？专此，匆候

公祺

振铎上

29/5/13

1940年5月14日

咏霓先生：

昨示并书一包均收到。致慰堂函已誊清；因关于“会典”事，似须加入，故补写一段。先生如认为无问题者，乞即签名交下，以便再送何先生签名后，即行寄发。“经济”如有确切办法，刘、张诸家便可积极进行商谈。否则，即商谈亦无益。故甚盼我们第二号函，能早日得覆音也。今日所送三书，皆赵先生寄来者。《乐府诗集》重其为元刻元印，且傅校极多。《南枢志》凡六函，四十八册，兹补奉五函，乞察收、鉴阅。此书传本极罕见，仅千顷目中有之，凡一百九十余卷。此仅得其半。虽残本，亦至足珍。盖天壤间恐不至有“全书”也。嘉靖《常熟志》万不可放手。前万历《兴化志》，一脱手便追悔不及，不能再得。然彼书北平图书馆尚有之，此书则实国内孤本也。阅肆二十载，自信于坊贾情伪，知之甚谂。我辈决不至受其欺诈，亦不至浪费浪购。惟在情理中之“利润”，则不能不任彼辈沾之。盖商人重利，不利何商。但过分之索诈，则断断不能许之耳。于“公平”“不欺”之间，我辈可信为十分慎审也。专此，顺颂

公祺

振铎上

29/5/14

1940年5月15日

咏霓先生：

兹奉上支票（五千元）一纸，乞于加盖图章后赐下。赵万里先生昨来一函，可见其为我们得书之苦辛；阅后，亦乞见还。《太古遗音》及《牡丹诗图》等二书，经送何先生看后，他觉得二千元之款太昂。经面商后，拟以百元一册之价购之。（即九百元。）如王贾不愿售，则退还之可也。先生以为如何？张葱玉氏之书已从孙贾处取回，张由中国书店送来，其价必可大削。盖孙贾利心过重，平空加价不少。中国则甚为稳健、公平也。除取若干佣金外，决不会妄行加价也。书俟送来，即送上，请鉴阅。其中"好书"确有不少。（前单所列不重要之书皆已抽去，改换善本补入。）专此，匆候

公祺

振铎上

29/5/15

1940年5月16日

咏霓先生：

今晨北平修文堂孙贾交来明抄本袁袠撰之《皇明宪实》八册，旧抄本《皇祐新乐全书》（？）八十卷（《四库》著录者仅为"图记三卷"），均绝佳。已送菊老处。俟取来，即奉上。有王贾者交来《两汉诏令》三册，尚佳，相传为宋版，恐仍是元、明间之物。索四百元。又有《唐大诏令集》二十册（不全），彼甚重视，明晨即讨回音。（索五百元。）《适园丛书》中有此书，不知能检出借下一对校否？（以其要取回，故拟在此一对，明晨还他书，以便削价。）又有《饮膳正要》二册，索一百元，乃新抄本，且缺页缺图甚多，绝不

足重，拟决定退回。姑并《两汉诏令》一同奉上，乞鉴阅。张葱玉藏“善本”，已送来九十余种，其中佳者绝多，而中下驷亦有之。拟于下午清理一过后再行奉上。储箱处已商妥：借法宝馆下层一大间，约可容一百余大箱；今日即可运储一部分，亦一快事也。各书已保火险十五万元，费三百余元，尚不为贵。专此，顺颂

公祺

振铎上

29/5/16

1940年5月18日

咏霓先生：

昨托晴湖先生送上《皇明宪实》（袁袠撰）八册及《圣宋皇祐广乐图记》首册，乞鉴阅。《皇明宪实》确极佳，惜索价太昂（索一千元），正在商议中。《圣宋皇祐广乐图记》作伪之迹太显明，所盖各家藏印，无一不假，钱竹汀跋亦伪。各序均系挖改者。“全目”亦伪。然作伪者恐不会为近五六十年中人物。细审各序，恐是明人作。俟全书寄到后，当再详细校阅一过。如非郑世子《乐律全书》，或陈氏《乐书》之残帙拼合者，当亦是一奇书，一要籍也。我们如能恢复其本来面目，亦一大快事也。先生来示所云：以万元购经、史要籍，全不成问题。现所缺者，是足以压卷之若干宋版。刘晦之之宋版书九种，如能以五万元得之，便可以很成格局矣。惟闻罗子经将赴大连一行，将来接洽，恐不便耳。王荫嘉君有书单数张交来；曾去看书，大体皆好。张绍仁校之《汉魏丛书》最为重要。得此，无异得宋元及旧抄本数十部。王氏初愿甚奢，欲索二万元以上，经来青阁杨君居中商洽，约六千数百元可以成交。兹附上“目录”一份，请先生阅定赐覆。敝意他书皆可放手，惟张校《汉魏丛书》及延祐刊《书集传》万

不可放手。《汉魏》一书，关于古代文化尤为重大也。专此，匆叩
公祺

振铎上

29/5/18

顷得杨君电话，云：王君至少须七千元始可成交。乞裁酌！

1940年5月20日

咏霓先生：

昨来青阁杨君来电话，说王荫嘉所藏书，至少须七千元。我以相差仅数百元，不欲失之，即商之何先生，允以七千元成交。兹奉上支票一纸（七千元），乞于加盖图章后掷还，以便于明日下午交书时付款。慰堂先生顷来一函，兹附奉，乞一阅。来函所云书单，并未附来，故不知渝地所需为何书。俟书单到后，方可代为配购。王贾晋卿昨送来宋版书二部，一为《友林乙稿》（一册）索三千五百元，一望即知其为伪书，已退还之；一为袁枢《通鉴纪事本末》（首册），的是宋版无疑，索六千五百元，拟俟全书送齐后再细细审定。（兹附奉此书首册。）又来青阁藏有宋版《礼记》一部，实是宋版之"甲"，全无毛病，兹附上"书影"（即彼所影印者）二函，乞鉴阅。索八千元，当尚可让减若干。乞指示。又昨得明万历刊《皇明职方地图》一册（残存下卷），虽为残书，然极可贵，已以五十元得之。先生以为如何？专此，匆叩
公祺

振铎上

29/5/20

1940年5月21日

咏霓先生：

慰堂先生顷又来一函，兹奉上，乞一阅。“书单”已寄来，俟配齐，即陆续寄去。王荫嘉氏书，今日一时许即可送来。俟点交完毕后，当陆续奉上，请鉴阅。晴湖先生云：法宝馆楼下之一室，又生变化。范成法师云：欲举办孤儿院，不能出借。请先生便中与之一谈，乞其暂缓举办。同时，拟致函誉虎先生，请他维持。兹附上致菊老及誉虎先生函各一，如无问题，当即于下午发出。菊生因商务事赴港，外闻皆不知，乞秘之！铁琴铜剑楼瞿凤起君昨又交来书单一批，计码约四千余元，大约三千元似可成交。兹附上，乞鉴定。他欲先行支取二千元，以应急需，似可允之。乞裁决，以便请何先生开支票。专此，匆颂

公祺

振铎上

29/5/21

致慰堂一函，乞于阅后见还。观邮局致中央图书馆函，似大批古书仍不能寄渝也。

1940年5月22日

咏霓先生：

昨函奉悉。香港函，昨午已寄发。来青阁杨寿祺君已将王荫嘉氏藏书照书单点交清楚。（由晴湖先生监点），并已将支票一纸（七千元）取去，写一临时收据。惟单中有劳季言校《尚书故实》等一册，据王君云：此书遍觅不获，恐已失去，故未交来；又有《辽阳防守记》亦未交来。现正托杨君设法与王君交涉，俾得全部交齐。兹先将

先生来函所需各书检出送上。《汉魏丛书》确极佳。凡三十册，完全无缺；中亦有黄荛圃校笔。兹先奉《春秋繁露》一种，乞鉴阅。（邓氏藏《繁露》四册，并附奉。）吴印丞诸人所校“词”，凡二十七种（王氏单中作一种计算），细字密校，功力至劬，亦极可贵。高丽版《武经七书》及元版《书集传》均是善本之“甲”。元刊本《瀛奎律髓》，为今日诸传录本之祖，尤为白眉。明日当续行奉上。张葱玉书索价过昂。然十分之七八，皆上品。施君已编就一目。明后日稍暇，当按目检书，请阅定。北平赵万里先生来函云：端节前有好书可得，要再汇去三千元，兹已请何先生开出支票一纸（托敦泰永汇去），兹并瞿氏款二千元支票一纸，一同奉上，请加盖图章后交还为荷。专此，匆候

公祺

振铎上

29/5/22

兹奉上：

邓氏书《春秋繁露》四册

工氏书　（一）张绍仁校本《春秋繁露》一册（甚佳，曾略校，大半与《大典》合）

（二）元版本《书集传》六册（佳）

（三）嘉靖本《法藏碎金》五册（惜有抄配）

（四）宣德本《周易参同契发挥》三册（惜有抄配）

共书五种　十九册

1940年5月24日

咏霓先生：

修义堂孙贾昨送来明初刊《大明清类天文分野之书》二十册，似甚佳，各家书目皆未著录，其中缺页，恐亦无从抄配。自《大元一统志》遗佚后，官刊“地志”恐将以此为最早者矣。故我甚重视之。索八百元。孙贾云：此为北平之价。至少须七百二十元可售。乞裁定。又上海书林朱君昨送来孔荭谷抄校本洪适《盘洲集》十册，似亦不坏。乞鉴阅。（索价二百四十元，约二百元可得。）王荫嘉处之书，正在清理中。当嘱施君另抄一目，以备先生按目提书。其劳氏校之《尚书故实》一册，则始终云：遍寻不获，未知是否实情。前送上之《诗经图谱》，忘著者姓氏，乞便中示知为荷。专此，匆候

公祺

振铎上

29/5/24

又，前送上来青阁之三书，《义山集》等，如先生决定留下，不知能付款否？因彼催促甚急也。

1940年5月25日

咏霓先生：

文禄堂王贾送来陈寿祺稿本《三代化范》二函（此陶氏物也），甚佳，索二百四十元，尚在情理中。又修文堂孙贾代向北平配来“内聚珍”若干种；其中以《八旬盛典》为最罕见。兹并附奉，乞鉴阅。又富晋书社送来嘉靖本《山东通志》等数种，尚佳，并奉上，乞裁定。（其中黄刊三种及《水东日记》似可不购。）前日送上之书一

包，不知已审阅毕否？王贾之《太古遗音》及《牡丹谱》等二种（九册）坚持非二千元不售；而据何先生意，每册百元已是勉强。不知先生意如何？敝意，如能减让至一千五百元左右，似可留。先生有意自购否？我实在无力，否则亦思留之也。来青阁送来之《李义山集》等书，先生欲留之否？乞示！陶氏书四箱，闻已寄到。请嘱其送到法宝馆，因何先生欲提阅《何文定集》也。专此，匆颂

公祺

振铎上

29/5/25

（富晋及孙贾书目阅后乞见还）

一　富晋书五种　八册

二　王贾书一种　二函

三　孙贾书一种　一函（共四函，兹送上一函）

1940年5月28日

咏霓先生：

连日费许多工夫在选择刘晦之善本书，大约以宋、元本为主；以“书目”明日便须取去，故不能不尽快写完。可有一厚册，留备参考。其中残本过多。惟提出另售之九种宋本（目附）及黄跋最为精妙。其“精华”殆全在此。得此，余可不必问矣。李紫东昨为此事，来谈过；据云：至少须五万五千元。刘氏全部索价四十万（地方志尚不在内），然得此九种，似ㄦ胜于得其全部也。俟菊老回，当再详商。先生前函所云《法藏碎金录》，系王荫嘉书中物，故不必退还。罗君曾托施君交来书数种，已退还数种，兹将留下之数种并原单，奉上，乞鉴阅。又叶贾铭三亦交来书数种，并奉上。裁定后，恳即示

知。前日奉上之瞿氏书单，如已阅毕，盼即检出交下。支票二纸奉上（附致何先生函，阅后，乞交还，又孙贾书单七纸），乞于加盖印章后交下。专此，匆候

公祺

振铎上

29/5/28

又汪刻《文选》，可购，请代付款。晴湖先生云：有宁波某氏书，价一千元，亦请代为接洽。

1940年5月29日

咏霓先生：

文禄堂王晋卿昨午来谈甚久；彼即将回平，恐在此未必有所得。彼所送书，除《玉山名胜集》《玄对》《朱子年谱》及《河南二先生集》四书已遵先生来示付款外，《春秋集传》等均已退还。（《徐北郭集》疑系旧纸新抄，亦已退去。）尚有《存复斋集》（原价六百元）及《石渠宝笈续编》（原价一千二百元）似均甚佳，尚未解决。“续编”彼欲以对折计算（即六百元），《存复斋集》则欲以六折计算（即三百六十元）；又《太古遗音》及《牡丹谱》等二书，彼云：最低价为一千五百元，不能再少。均乞裁示，以便付款。又传新书店徐贾前持杭州杨氏所藏《紫光阁功臣像》二幅求售，索价至每轴一千元，虽以价昂不拟购，然实不欲退还之，盖以彼欲销“洋庄”也。兹奉上“说明”“照片”及原画二幅，乞鉴定。昨徐贾来，云，此画二幅，并附上之“书目”（共一百二十一种）中书，欲合售二千二百元。细阅“书目”可取者约有二分之一。究竟应如何还价；或“书”与“画”分二起谈如何？均乞指示。昨日奉上之书单均乞便中交下。

又昨函忘附刘晦之"九种书"单，兹附上。专此，匆候
公祺

振铎拜上
29/5/29

1940年5月31日

咏霓先生：

昨午交下之陶氏书四箱，经略略点阅，觉得均不坏，价亦尚廉。其中有《雍大记》一函，最佳。即此一书，照今日市价，可值五百元左右。余如《容台集》《宋学士集》等均罕见。闻尚有不全零本若干堆存贵处，当嘱晴湖先生略加清理，作一目录，盖残本亦甚有用也。传新书店介绍之杭州杨氏书及《紫光阁功臣像》二幅，经与何先生商定，以一千九百元成交。兹奉上支票一纸（一千九百元），请于加盖图章后交还为荷。《寒支集》余书，兹附奉。此书我曾于富晋得一部，毁于"一・二八"之役，阅此，殊感凄怆也。专此，顺颂
公祺

振铎上
29/5/31

1940年6月1日

咏霓先生：

顷奉二函（内支票一纸）并书一包，敬悉一切。《二十四史》等俟阅毕即奉还，此批书尚不贵，可购也。北平修绠堂孙贾又寄来书一批，除重复者已立即退去后（《罗整庵集》是否重复，未查），余书兹均奉上，乞鉴阅。敝意史料书若《明初伏莽志》《鸿猷录》等，价虽昂，亦应留之；其他"版本"书则应大加斟酌矣。不知尊意以为如

何？闻北平邃雅斋因收书不易，已将“存”书均加价八成。（赵君来函云云。）可见近来书价之日涨！匆候

公祺

振铎上

29/6/1

1940年6月1日

咏霓先生：

兹奉上致何先生函一通并支票一纸（五千元），请于加盖印章后并何先生［函］一同交下为荷，专此，匆候

公祺

振铎上

29/6/1

1940年6月3日

咏霓先生：

昨交下之修绠堂书二包及来示均收到。先生对于此批书单，去取之间，至为慎重，且意见大致相同，极佩！《宋人小集》等全书，当去函该店索寄。该店之折扣，大抵九折或八折，故《易经识余》一书如打八折，则为一百四十四元，不及一百四十元也。诸肆皆有恶习，某家还何折扣，彼等便将书价如何开法。（做“买卖”者决不肯吃亏的。）记得有一笑话：北平易某惯例还价极低，如开一百元，必还以一二十元。于是各肆开价，如值一百元者，必开价一千二百余元。我曾见其“书单”，曾为之大吃一惊。此亦可见估人之善于“揣摩”人意也。此单中各书，先生认为可退，而敝意似尚可留者，有《舒梓溪文钞》《建文朝野汇编》及《开元占经》三书。如价可削（内容尚

佳），当留之也。先生以为如何？至大德本《唐书》及《晋书载记》当待菊老归时解决。全校《水经注》及陈刻《廿四史》兹附还。富晋各书，《山东通志》（八百元）以七折解决；弘治本《纲目兵法》（七十元）以六折解决（即四十二元）。如此，似均尚平平。《水东日记》索四百元，实太昂，即打了六折，还是二百四十元，故收否仍未能决定。乞裁决！《全芳备祖》无一不假，实新抄本也，算抄工纸价，不过一百余元耳。如能以一百元至一百五十元收之，则作为校勘之底本亦佳，否则，当退还。黄刻《三传》，因价昂，已退还之矣。修文堂孙贾之《大明［清类］天文分野之书》（二十八册），据北平来函，非七百元不售；本欲退还，因其罕见，尚踌躇不决。乞指示！“内聚珍”各种，加入孙贾交来者外，所缺者不过二十余种，当即可配全，亦一快事也。赵万里先生寄来俞大遒校辑之《续武经总要》四册，天一阁旧藏，人间恐无第二本。得之大喜！先生当亦有同感！俞氏书之获得，或即征“倭”得胜之先声也！惟价昂至三百五十元，未免有些憾惜。孙贾又交来明抄本书数种，兹将首册及“书单”附上，乞鉴阅。专此，匆候

公祺

振铎上

29/6/3

又附上《元儒学案》抄本二册，不知有用否？

1940年6月5日

咏霓先生：

昨示并书，敬悉一切。菊老已回，顷有函来，嘱往一谈，并云：玉虎先生有一函交法宝馆董事会。当于今日下午或明日下午，即往菊

老处面谈。详情容后奉告。平贾东来阁托修文堂转送来一批书；兹奉上，乞鉴阅。又平贾孔某在苏州得万历刊本（北监本）《十三经》全部，甚佳！且有人以宋本校过。惜校者无大名耳。此书似可购，以其为基本书也。初索八百元，后乃落至六百元。兹奉上二册，可购否？乞裁决！专此，顺颂

公祺

振铎上

29/6/5

1940年6月6日

咏霓先生：

昨示及书二包均收到。《光华纪念册》二本亦已拜领，谢谢！已以一册转送何先生矣。在辛苦艰难之中，奋斗缔造，有大成功，乃是一伟大之事业也！敬祝光华不朽！鄞某氏书十种以千元得之，价甚相当。其中康熙、雍正刊各“方志”，尤廉；据坊贾云：此种方志，每部至少可值百元也。兹附上支票一纸（一千元），即付此款。各书请暂时留存先生处。又瞿凤起君处之书二十种，原索四千四百余元，经中国书店郭君之估价并再三与之相商，已允减至三千元。除前已付二千元外，尚有一千元，兹亦请何先生开好支票一纸（一千元），乞加盖图章，又修绠堂第一批书，计二千元，修文堂之《大明［清类］天文分野［之］书》七百元，“内聚珍”十六种共六百四十二元，计共一千三百四十二元，此二批款，亦已由何先生开出支票二纸，兹并附上，乞于加盖图章后交还。孙贾伯渊介绍宗氏明板书及抄校本共六十六种（目附），前已阅过十余种（有红笔记者），迄未解决。兹欲全售，共二千元。较之平贾所开价，实可谓廉甚！其中虽有若干种重复，然无多大关系。此批书可与陶氏书“相得益彰”。何先生与敝

见相同，均主购下。不知先生以为如何？现下存款若干，今晨已面询何先生，据云：约存八万元不到。故以后购书不能不慎重。想来必可续有款到。何先生甚主购大批书。敝意则以为：普通书可不必零购，比较特别而罕见之书则似有留下之必要；故零购亦不可废也。总之，以得书为主。先生以为如何？抄本之《元儒学案》，价十五元。上海书林送来书十余种，为选下四种，兹奉上，乞鉴阅。专此，顺颂
公祺

振铎上

29/6/6

致何先生函兹附上，阅后乞见还。

1940年6月6日

咏霓先生：

来示奉悉。某君之书十种，何以已以一千元成交而忽取销前议？“方志”数种，价实甚廉。不知是否前途反悔？乞便中示知。支票一纸（二千元）先生忘却盖章，兹特附上，特再加盖一章后交下为荷。专此，顺颂
公祺

振铎上

29/6/6

1940年6月9日

咏霓先生：

前日晤菊老，交来叶先生一函（致关、费、钱及范成者），已转致范成。大约法宝馆可望成功；如关先生暂时不办孤儿院，或不借

法宝馆为教室者，此事便可成功。晤关先生时恳一提及。陈乃乾君交来宋人写经五册（一木函），兹奉上，乞鉴阅。后有沈子培跋。最低价要三百六十元，似是真品，宋人写经较之唐人写者尤为罕见。虽无甚文献价值，但亦一“佛藏”目录中之要籍也。又北平通学斋孙殿起君送来谭献校《一切经音义》四册，索二百元，并乞阅定。《元儒学案》款十五元，已代付。专此，顺颂

公祺

振铎上

29/6/9

1940年6月12日

咏霓先生：

经数日之力，已草就致慰堂先生第三函，乞削正后交还，以便再送何先生阅定发出。专此，顺候

公祺

振铎上

29/6/12

1940年6月13日

咏霓先生：

今晨来示敬悉。致蒋函已交何先生阅定矣。阅后，即可誊清发出。兹奉上传新及王贾送来来书一包。王贾之价，大是荒唐。应加痛削。宁可不购退还，俾彼等不至“居为奇货”也。专此，匆颂

公祺

振铎上

29/6/13

1940年6月15日

咏霓先生：

兹奉上富晋书社送来书籍二批，第一批初选暂留二十二种；第二批初选留下十二种，乞鉴阅。阅定后，乞赐示！该肆所开书价均甚大。有的可还以六折，有的还不值对折，均乞裁决。专此，顺颂

公祺

振铎上

29/6/15

1940年6月18日

咏霓先生：

法国继荷、比而屈膝，世界形势恐将大变。然对中国恐亦未必有害。兹奉上支票一张（五千元），已由何先生盖章，乞即加盖一章交下为荷。施韵秋君送来一函，并蟑隐庐书单一纸，其价均尚合理，且均尚有用，似可全留。乞酌定示知。中国书店亦送来罗氏书数种，价均极昂。敝意《登科录》当留之，以其有关“史事”甚巨也。余皆不妨退还。先生以为如何？万有送来“丛书”数种，尚可留，兹亦送上，乞阅定。（以上书二批，共十六册。）又陈乃乾君介绍顾栋高《万卷楼集》一部，兹亦奉上。此书从未刻过，自去冬即议价，至今方商妥，以五百元成交。先生以为如何？彼在去岁，所望乃在千金左右也。敝意此类未刊稿，关系甚大，似不宜放弃也。专此，匆候

公祺

振铎拜上

29/6/18

1940年6月24日

咏霓先生：

此次致慰堂先生函，因极冗长，且附有书目，故抄了好几天。兹附上，乞签字后交下，以便再送何先生签字发出。传新书店送来之《尚书日记》及《春秋标题》，经商谈，已减至六十五元。（较先生所给价为廉。）兹将全书送上（发票一纸附），便中乞付款，以便转付徐贾。数日前苏州严贾来沪，带来“首本”数百种，为选留数十种，均尚佳，且大部分为史料及有用书。俟将“目录”及各书清理完毕后即奉上，请鉴阅。（由来青阁经手）近来所得书，以史料为主，究竟有实用，且已甚有成绩。殊感高兴！赵先生从北平寄来《今史》一部，极佳。明日当奉上。敝意明代版本书，如蒋处款未续来，只好以购宗氏书（二千元）为限，余皆暂不问津，专力购置“史料”及“应用”书。先生以为如何？乞指示！平贾董会卿（邃雅斋）在沪时，曾谈及：有好书甚多。今晨已将该目寄来。（乞用另纸批注，因该目须寄还该贾也。）兹附奉，请留阅。我已于该目上加圈；双圈者尤佳，皆着意于史料书。敝意此目中他书皆极昂，惟此类书，价虽昂，却不能不收。若《岭南文献》《岭南焚余》《大明一统名胜志》《三朝宝训》《抚津疏草》等，尤不能不收。董贾索价素高，然若《皇明鸿猷录》，索价二百元（修绠堂索三百元），似尚在情理中也。俟先生决定后，当即嘱其寄书来细阅。见此目后，颇觉北肆中好书确尚有不少也。专此，顺颂

公祺

振铎上

29/6/24

1940年6月27日

咏霓先生：

兹奉上从苏州严贾处购下之书第一批共二包（《脉望》一书，暂留敝处），乞鉴阅！此系从数百种中选得者；以其除二三种外，价均尚廉，故作主留下。（因严贾急欲归去。）此中，如有公家不必留者，敝处可自行购下。又王贾送来书数十种，为选留十六种（十七册），兹并附奉，乞便中再加选剔为荷。匆此，顺颂

公祺

振铎上

29/6/27

1940年6月28日

咏霓先生：

昨日附下之五元已收到，当转帐，乞勿念！叶贾铭三交来书数种，兹奉上，乞鉴阅。《宋人小集》数种，似为振绮堂所自辑，他处似皆无之。李拔可先生曾介绍费子诒君来谈，交来书目一册，约共一百余箱；内明本有一千七百余册，抄校本有一千二百余册，余皆清人著作，有实用价值者。索六七万金之谱。曾交来青阁估价，据云：约值三万金左右。然杨君所估之价，似较低。亦当询之陈乃乾诸君，据云：约可值四万左右。兹将“书目”附上，请细阅后见还。又北平来薰阁陈济川君新自平来，亦开来书单一纸，兹并奉上，乞再加选剔。（已以蓝笔加单圈及双圈。）专此，顺颂

公祺

振铎上

29/6/28

1940年6月29日

咏霓先生：

晨示拜悉。叶贾支票一纸，暂存，俟其来取时再付。昨款五元，尚余一角四分（共四元八角六分），兹附还。蒋款如无继，势非结束不可。但蒋君前函及此次函，均有续筹之说，故可望仍有若干汇来。如能照第二号报告所提议者，则可有七八十万之谱；但至少二三十万想必可有也。故此时宜谨慎的使用余款，但可不必停顿。宗氏书（二千元），购买已不成问题，惟因敝处积书已多，实在无地可容，故嘱其暂缓送来耳。刘晦之他书可不购，其宋版九种，则必当购之。菊老亦以为须购，惟嫌价昂。然此价实尚在情理中。若其全部藏书索四十万元，则诚昂也。或托人与晦之商量，先付定洋一二万元。俟款续到，即可付清。据韵秋云：此事由罗子经经手，连旧抄本《圣济方》一部（开花纸抄，绝佳，怡府旧藏，索六千元），其价共五万六千元。想来一时不会有人要，不妨缓缓商之。若经李紫东手，则此九种书，至少须五万五千也。近来正嘱郭、施二君在编“善本”目。翻检所得，已甚可观。不仅可对得住良心，且在实际上，亦可对付任何人也。以不到二十万元之款，而所收者有如此之“质”与“量”（版本书不少，善本目可有二册以上），诚可谓为“煞费苦心”者矣！敝意，如款续来者不多，则除刘书九种外，应集中力量，购：（一）四库未收及存目之书；（二）丛书；（三）清儒稿本及著作；（四）宋、元、明版之较廉者；（五）史料书。若蒋款续来之数在五十万以上，则可设法进行嘉业、适园所藏；并多购方志矣。不知先生以为如何？敝意，以万元购“丛书”，二万元购“史料”，三四万元购清儒著作（此等书现极昂），已甚可观；且以现在之余力，尚可应付有余也。关于“丛书”部分，敝意拟先将近五十年来之刊行者，全部购齐。嘉业、适园、徐氏、玉海堂、董氏、陶氏、（罗、瞿二氏所印者已购齐）缪氏及《安徽》《四明》诸丛书，均不难收齐，且亦极为有用。次则，可收乾、嘉及明代之“丛书”矣。惟《道藏》及《正续大藏经》亦必须先收。“史料”书则现在所收者已不少。张尧伦君有太平天国及鸦片战争一百六七十种，初索二千一百元，商酌再三，约可以一千七百元得之，诚“近代史”料一巨观也。（彼搜集已近十年。）总之，我辈收书，不重外表，不重古董，亦不在饰架壮观，惟以实用及保存文化为主。持此宗旨，想来决不会有人说闲话也。且有几部书或疑为古董，实则，自有其重要价值，决非古董也。如有百万之谱，则所收书，则可较北平图书馆为更可观。盖北平图书馆宋、元版本书过于残零，而以后所收书亦嫌过于无计划，太觉零碎也。（观其善本目便知之。）我辈之工作，完全为国家、民族之文化着想，无私嗜，无偏心，故可得好书不少，且眼光较为远大，亦不局促于一门一部，故所得能兼“广大”与“精微”。但望此宏愿能实现也。（观蒋函，似必可实现。）此愿如能在炮火中实现，则保存民族文化之功力，较黎洲、子晋、遵王、荛圃更大矣！近半年来所做者不过预备工夫而已。大抵平、沪一带各重要货色，皆可网罗一空。（以北平而言，几家大肆，若修绠、修文、文禄、邃雅、来薰等皆已尽其所有，开列书目寄来。）将来所应注意者，彼辈新收之书耳。大抵经我辈如此一收罗，重要之书，流落国外者可减至最低度；甚至可以做到：非经我辈鉴定认为不收，可任其出国外，余皆可设法截留。盖贾人重利，以此法禁其外流，较之禁令似尤为有实效也。然此半年来，心力已交瘁；所费时间尤多。先生所费心于此者亦已极多。但觉此事于国有利，故尚可敢言“劳”也。匆匆，不尽所欲言！蒋函附上。阅后，乞见还，以便归档。专此，顺颂

公祺

振铎上

29/6/29

1940年7月1日

咏霓先生：

赵万里先生昨从北平来此，已晤谈，甚为畅洽！赵先生为我们尽力极多，似应在数日内宴请他一次。不知先生以为如何？来薰阁所开之书单，其价确有极昂者，但其中亦有较他肆为廉者。当分别还价，且须俟其“首本”寄到后再商定。张尧伦君之太平天国史料等一百五十余种，已由何先生开好支票一纸（一千七百元）乞于加盖图章后交还，以便持款取书。朱骝先先生有一电来，兹奉上，乞一阅。阅后，乞即见还，以便再转给菊老诸位阅看。此款如到，则我辈购书计划当重行支配。此事关系甚大，似须仔细商议一次。先生何时有暇，乞决定一时间茶叙。或于茶叙后，再找赵先生来吃饭，如何？我给先生之长函，能便中带下，以便与先生之函，同时摘要提出讨论。何先生云：他亦极赞同先生之意见也。专此，匆候

公祺

振铎上

29/7/1

1940年7月12日

咏霓先生：

赵斐云兄支票二千元，已由何先生开出，请于加盖印章后交还，以便转付为荷！斐云携来代购书不少，多极罕见之品。俟清理后，当陆续奉上请鉴阅。费氏书，经李拔可先生居间，已商谈妥当，计价三万元，由费氏加添元刊本《沧浪吟》及《李长吉集》二种；当于下星期一请何先生开好支票，于星期二取书付款。此批书实在不贵；中多清儒实用书；得之，尤足补前购各批书之不足也。专此，顺颂

暑祺

振铎上

29/7/12

1940年7月15日

咏霓先生：

何先生昨日交来一函并支票一张，兹奉上，乞酌定。朱先生等所拟办之月刊，大约名《中国学报》，规模甚大。先生如赐鸿文，深所盼祷也。费氏书下午可去点收。中午时，可将支票取得，交上请先生盖章也。专此，匆候

暑祺

振铎上

29/7/15

1940年7月15日

咏霓先生：

今晨支票一张，已交何先生收；兹将何先生补具之函奉上。阅后，请并前函一同交下为荷。费氏款三万元，共开支票二张，一为一万元，一为二万元，请加盖图章后交还。今日下午，即须偕晴湖先生前往点书。大约明日可以点毕，即付款。赵万里兄续寄之书，兹奉上六种，皆绝佳之“史料”书也。先生鉴阅后，乞便中交还，以便编目。专此，顺颂

暑祺

振铎上

29/7/15

一、钟氏四种六册一函中有《倭奴遗书》最佳。

二、《中庸集解》一册一函元刊本，纸背有元代物价。

三、《吕氏实政录》十册一函

四、《今史》九册有范景文印，极佳。

五、金双岩《西台封事》《两河封事》等四册一函

六、《抚郧疏稿》二册一函

共计六种三十二册

1940年7月20日

咏霓先生：

赵斐云先生所购各书想已阅毕。《方瑞生墨海》正在拍照制版；下星期可以奉还，乞勿念！顷由何先生转来朱先生一电，兹奉上，乞批注意见。电码不明者甚多。最重要者为“善本”运美存放事。此事似可照办，惟手续上极为麻烦，非由美使馆与中央接洽妥善后，用使馆名义运出，始可稳妥无患。否则，恐不免有留难之处，邮寄尤为不妥也。所谓“善本”，似当以批校本，稿本及宋、元本，明刊精本为限。如此，则数量不至过多，运费可省，且亦可不至引起注意也。尚乞先生批示为荷。（其实，存沪实可无忧。北平图书馆之书，亦均存沪也。）专此，匆候

暑祺

振铎上

29/7/20

费氏书已点收并运存法宝馆矣。

1940年7月21日

咏霓先生：

昨上一函，并附朱电，想已收到。先生批注后，乞即交下，以尚须送菊老阅覆也。致慰堂函已誊清，请签字后交还，再转何先生签字寄发。（寄发方法甚稳妥，可不经寻常收信员手，亦不经检查，故可放心。）施韵秋君为嘉业事已谈过数次。想彼亦已与先生接洽过矣。有成交可能，问题实在价格方面。至价格若干，实须仔细估计一下才能决定。连日因招生事甚忙；本星期内当偕赵斐云兄至先生寓畅谈。不知星期三四下午何时有暇？乞示知，以便转约赵兄。专此，匆候

暑祺

振铎上

29/7/21

1940年7月25日

咏霓先生：

何先生拟就致朱先生电稿一通，请指正后，即行交还，以便明晨再送菊老处阅定，即可拍发。专此，匆候

暑祺

振铎启

29/7/25

1940年7月26日

咏霓先生：

前日谈甚畅。兹奉上支票一纸（二千元），乞于加盖印章后即行交还为感！昨由陈乃乾君经手，购得平湖葛氏书数种，均尚佳。

（欲奋之者大有人在，甚怪！此事将来可面谈。）作留作“烬余”之纪念物也。近来购书皆以刘、张二家之“目”为标准，凡在“目”中者皆摒弃不收。先生云：欲开单访购。此正其时！暇时，乞随时开单见示，以便留意采购。（惟不可为估人所知，知则价必大昂矣！）专此，匆候

暑祺

振铎上

29/7/26

1940年7月29日

咏霓先生：

昨谈甚快！今晨晤何先生，知由马爵士处拨付之款（十万）已可照付；大约明后日即可存人银行；又，教部借款，亦即可归还。如此，本星期内，刘晦之宋本九种，便可解决矣。兹拟就“今后购书之目标”及“今后经费分配计划”二纸，乞先生指正、增删后提出讨论为荷。已与何先生提起，准定在下星期一二下午四五时在敝寓茶叙。俟约定菊老诸位后，当再约先生也。专此，匆候

暑祺

振铎上

29/7/29

1940年8月1日

咏霓先生：

兹奉上何先生一函及支票二张，送款簿一册，阅后，乞即交还，以便转交何先生。支票上乞不必盖章。教部及朱君借款均已归还；何先生致先生函即火之可也。专此，顺候

暑祺

振铎上

29/8/1

1940年8月2日

咏霓先生：

近来新书价格飞涨，商务出版者，竟有加价至一百分之一百二十以上者。例如，《夷门广牍》原价三十五元，现售价为九十六元，几增至三倍。《四部丛刊》市价在千元以上。白纸者，有人出一千二百元，尚无购处。此类书，如遇廉者，似拟购下，不知先生以为如何？顷有上海书林王贾介绍某家有黄纸《四部丛刊》一部，又同文《廿四史》一部，共价一千二百元。《廿四史》我们已有不少部，拟以三百元代价，让售给何先生。如此，则《四部丛刊》合价九百元，尚不为昂。（连琉璃厨四只在内。）兹附上支票（五千元）一纸，请加盖印章，以便支用，为荷！刘晦之所藏宋版九种，经与李贾紫东，王贾淳馥细谈数次，可以五万三千元成交。较前价五万五千元已减少二千元，似即可购下，以免"夜长梦多"。不知先生意见如何？乞指示！如荷同意，乞即示知。以便请何先生开支票，当可于本星期日书款两交也。专此，匆颂

公祺

振铎上

29/8/2

1940年8月7日

咏霓先生：

刘晦之所售宋版书等九种，昨方由银行库中赎出，已点收，尚少

马令《南唐书》一种（明抄，黄校），据王贾云：即日可觅出送来。现扣留开花纸抄本《圣济总录》一部在此（共十六函）。如“马”书不送来，《圣济录》亦不还之。此数书经细细翻阅，实为国宝。其中《中兴馆阁录》《吴郡图经续志》及《新定续志》皆著录于《百宋一廛赋》中；《五臣文选》为海内孤本；《广韵》为菊老旧藏；《礼记》为袁克文旧藏；《弘秀集》为书棚本，疑为天禄琳琅中物（未查）；《史记》虽为元刊本，然“牌记”俱全，绝佳。（明有元代年号，不知刘目何以误为宋本。殆未翻检全书款？）陆游《南唐书》为顾千里、黄荛圃合校，有顾跋一，黄跋三。置之善本甲库中，此数书皆可谓“甲”中之“甲”者！地志二种，尤为今存地志中之最古刊本。为价五万三千，虽昂，实亦值得也。先生“计划”及书单，如已拟就，即可开一次谈话会，并传观此一批书。会后，拟托菊老将此数书先行存库。先生以为如何？嘉业堂善本目四册（宋元目及抄校本、稿本目不在内），经一月余之慎重考虑与研究，曾检出第一批拟购入之书若干种。（在目上以〇〇为记。）前日曾送至菊老处；顷得覆示，兹附上，阅后，乞即见还，以便再送何先生一阅。菊老似矜惜“经济”力太过，殆未知我辈与嘉业主人交涉之经过。开会时，当可详为解释。此类书多半为“史料”及集部孤本、罕见本，我辈不收，欲得之者大有人在。保存文献之意义，便在与某方争此类“文献”也。专此，匆颂

暑祺

振铎上

29/8/7

附嘉业目四册

1940年8月8日

咏霓先生：

昨示奉悉。原谈之刘晦之宋本等书九种（《中兴馆阁录》及《续录》作一种计算；马、陆《南唐书》亦作一种计算），并无《圣济总录》在内。此次王、李二贾来谈，亦欲并将《圣济总录》合售；费了许多口舌，才分开计算。李贾紫东原谈九种须五万五千元，《圣济总录》在外，且须先谈"总录"事。现在"总录"如以三千元得之，则共计五万六千元。施君亦曾来谈，至少亦须此数也。俟马令《南唐书》送来后，当再付三千元以购"总录"也。"总录"我辈如不要，据赵斐云兄云，北平图书馆亦欲收之。此书凡十六套，一百六十册，较道光刊本多出二卷半（道光本缺二卷半）；足供校勘之处亦多。收之，亦甚值得。各书托菊老存"库"事，当面谈决定。想无问题。张芹伯书，已暗示过，可以三十万购之，至今尚无覆音。可见其估价之高。闻刘某到处借《适园藏书志》，其意何居乎？！恐亦有动芹伯所藏之书之意。此人甚可恶！嘉业书满铁原出四十五万，彼来此，乃加价至六十万。平空腾贵了不少。殊不可测！文化汉奸，实可怕之至！去年曾有一日人来此，作"文化调查"，结果，无一藏书家愿与之见面者。彼只好废然而返。今换了刘某来，已见到不少人，必大有所得矣。"物腐而后虫生"；如果无内奸，外患必不至之烈！言念及此，痛愤无已！嘉业堂所藏以稿本及明刊本为精华。如能照先生所示，分批出售，自是计之上者。惟恐其不愿如此。敝意，以全得为目的；共计若干万元；上海部分作若干万元；南浔部分作若干万元。然后，再将上海部分分为两批。首批取其最精者，次批，尽上海部分之所有。俟战事平定后，再取南浔部分。如此，出款可不至甚多，而书主亦可接也。先生以为如何？约期会谈事，俟菊老覆示后，当再奉约。专

此，匆候
暑祺

振铎上
29/8/8

1940年8月10日
咏霓先生：

兹奉上支票二张，一为购《正续大藏经》等者，一为购《圣济总录》者，乞加盖印章后交还为感！何先生又有“支票领取证”一张，亦乞于加盖印章后交下。菊老一函，前日曾奉上。如能检出，亦恳交下。菊老既染恙足软，不能出来，我们下星期当一谈，如何？时间约在下午五时，如何？（下星期三下午可否？如无暇，星期四或五均可。乞示知。）《书目答问》已细细阅过，曾将已购书，就忆及者略加符记，大约已备十之七以上。配齐，当非难事。敝意，近二三十年来新版书大有可观；虽未必后来居上，然亦往往有要籍。近见余锡嘉【嘉锡】之《四库［提要］辨证》八册，即绝佳，纠正《四库提要》处极多。此类书，将来亦必日罕，似可多购也。专此，匆候
暑祺

振铎拜上
29/8/10

致何先生函附上，阅后乞见还。

1940年8月12日
咏霓先生：

前日来示奉悉；支票二张，又支票领取证一张，均已收到无误。

曾以数日之力，检阅《书目答问》，将我辈已购之书，就所忆及者作一符记（○）。所缺何种，大抵一望可知（所缺之书，当尚有已购得者，因总目未编就，未能细为标出），以后加以补充，当不难齐备。惟清儒重要著述，其难得过于明版，价亦极昂。像宋翔凤《浮溪精舍丛书》（此书已购得，在费氏目中），全数不过十余册，而市价在四五百元左右。沈钦韩《幼学堂集》不过六册，而售价至八百元（燕京购得），可谓奇矣！现所缺之《墨庄遗书》《景紫堂全书》等皆不易购得。而单刊之清儒著述，若包世荣之《诗礼征文》，苗夔之《毛书韵订》，宋绵初之《韩诗内传征》，赵绍祖之《新旧唐书互证》，丁宗济之《逸周书管笺》等，亦均有可遇而不可求之势。然此类要籍，却又以备齐为上策。盖皆读书者不可少之书也。假以时日，或当不难购得。我近来于编辑"善本目"外，并以余力从事于"征访目"之抄录。大抵以《四库标注》《邵亭书目》《四库存目》及《贩书偶记》（此书甚佳，专收未入《四库》之书）为主，先行剪贴成为一"总目"，并就见闻所及，加以补充；然后在此总目上，随时将已购之书注明。如此，则所缺何书，应购何书，亦可一目了然。"史部"正将编贴齐全。"经""子""集"尚未暇及也。是否有当，尚乞指示。此似较以"答问"为据者，范围放大不小。而在国家图书馆之地位上，亦似以放大眼光广搜群籍为宜也。此项工作，对于自己亦甚有益处。每多一次翻检，于版本、目录之学问便可增进不少。如能以我辈现有之财力，为国家建立一比较完备之图书馆，则于后来之学者至为有利；其功能与劳绩似有过于自行著书立说也。昨晚陈乃乾君过寓，谈及邓实风雨楼藏书，有出让之意。此君在辛亥前后，编刊《国粹学报》《国粹丛书》等，所得遗民著作最多。所藏之书，可补充我辈前购各批书之不备者不少。抄本一部分尤佳。全部书籍共七百五十余部，九千余册。（兹将全目奉上，闻尚有目外之书不少。）今晨曾略加检阅，将明刊本之重要者抄出，约有六十余种；其中《国朝典汇》（一百册），《广西名胜志》（六册）及《两浙海防类考》（十册）三书，最为难得可贵；仅此三书，市价已约在三千元以上。抄本一百四十余种，如每种以五十元计，亦可达六七千元。其他清人著述，若严氏《四录堂汇稿》，徐芳《悬榻编》，纽琇《临野堂文集》，陈氏《左海》，《毛西河全集》，贺氏《田间遗书》，市价均甚昂。若零星补购，为费不赀。丛书部分，亦有一百十余种，可补充我辈未备者在六十种以上。（现已购丛书三百数十种。）细计之，其款亦巨。此批书，据陈君云：去夏平贾曾出价二万元，而邓氏尚不欲售。今年书价飞涨。邓氏愿以三万五千元，全部出脱。请先生斟酌情形，决定可否购下？如我辈决购，然后再与议价。敝意：大约在三万元以内，购之，尚不吃亏。最多似不能超过三万元也。先生以为如何？乞详加指示为荷。待决定购买后，我当择一时间前往阅书。（如出三万元，则每册平均约三元余，每部平均约四十余元。）近从孙贾伯渊处得宋刊本祝穆《方舆胜览》一部（惜首册抄配），共四套，二十四册，价为五百六十元（索八百元，以七折得之），似尚不昂也。专此，顺颂

暑祺

振铎拜上

29/8/12

附奉《风雨楼书目》一份，《书目答问》四册。（乞勿在《风雨楼目》上作符号，因尚须还之，如作符号，彼等便易侦知何书为我辈所亟需也。）

1940年8月20日

咏霓先生：

顷得慰堂一函，兹奉上；乞阅后见还。风雨楼邓氏藏书，决定以三万一千五百元成交，虽似较昂，然佳本不多【少】，尚为值得。海日楼沈氏书目，曾交来一阅；彼愿分售，大合我辈之愿。盖整批购买，究竟重复太多，不如选购之省费而适合需要也。昨以四百元，购得元刊本《方是闲居小稿》等三种（内一种为四库底本，一种为弘治本《孟东野集》，均佳），尚不为昂。俟再行选出若干种后，当将抄成之"善本目"及选购单奉上，请先生指教也。专此，匆颂

暑祺

振铎上

29/8/20

本星期五下午四时，乞至敝寓茶叙。又菊生前日病甚危，现已痊愈矣。知念，特奉闻。

1940年8月21日

咏霓先生：

兹奉上风雨楼书款支票一张（计三万一千五百元），乞即于加盖印章交下。又附致何先生函及致慰堂函各一，阅后（致蒋函乞加改削）并乞见还。专此，匆颂

暑祺

振铎拜上

29/8/21

1940年8月26日

咏霓先生：

昨由中国书店郭君介绍，沈寐叟海日楼藏书可拆售；兹选取宋、元、明刊本七十余种（内有明抄本多种；宋、明刊本有许多为天一阁物），价七千元；实为我辈遂心如愿之事也。价实尚廉！兹附上致何先生函及支票各一件，支票乞于加盖印章后，即行交下为荷；致何先生函，亦乞归还，以便归档。专此，匆候

著祺

振铎上

29/8/26

前日谈甚畅，惟有一事忘记提及，即请先生鉴阅刘晦之宋版书事；以后当逐渐送上，请鉴阅也。

1940年8月30日

咏霓先生：

兹奉上致何先生函一件（阅后，乞见还归档），又支票一纸，乞加盖印章。《袁文荣集》，已由邃雅斋将全书送来；兹奉上。（发票并附。）惟缺首册，敝处未觅得，不知是否先生已取去？乞示知。如未取，当于觅得后补奉。又风雨楼书中，有《句章征文录》一种，甚佳；先生传抄后，敝处亦拟传抄一部也。专此，顺颂

公祺

振铎拜上

29/8/30

何时有暇？拟面谈一次

1940年8月31日

咏霓先生：

《袁文荣集》支票一纸（一百五十元）已收到，并转交董君矣。“铜器”一批，原为中央研究院购买，因该处无款，慰堂先生来函，由我辈购入。故此款亦应记入我辈帐中。连日忙于为平贾辈结帐；大约彼等之“存”货，可选得近三百种，款约在二万元左右，与“预算”恰相等。其中所得，以邃雅斋之书为最好，惟价实甚昂。《宋人集》为“四库”底本，馆臣涂抹甚多，实舍不得放弃，经再三商议，乃以六百元成交。以此数得之，似尚值得也。专此，匆颂

公祺

振铎上

29/8/31

1940年9月1日

咏霓先生：

昨上一函，想已达览。近二日正在细阅海日楼书，所谓宋、金、元版书，大抵皆不可靠；此可见寐叟版本眼光之差。然明刊本数十种却绝佳。中有明小字本《艺文类聚》《初学记》皆极罕见者；又有明初本《坛经》及崇祯本袖珍本《坛经》极可爱。天一阁旧藏各书亦均好。俟嘱韵秋编目后，即将目奉上，请抽阅。我辈存款，除付“铜器”一笔外，所存已不足二万元。而平贾辈急待结帐北归。拟暂向何先生处垫用一万元，以应节下急需。先生如同意，当即向何先生接洽。乞示覆为荷！专此，匆颂

公祺

振铎拜上

29/9/1

1940年9月1日

咏霓先生：

昨示奉悉。某处租金六百，即可奉上，请转交。文溯阁目已托平贾代购，不日当可寄到。今日星期无事，细翻嘉业堂善本目，觉得其中好书实在不少。此“目”经月余之选择，从二千七百余部中，选得一千九百余部，约得四分之三弱。此一千九百余种书，即每种以百元计，已近二十万。但其中宋元版书，或不难以四五百至千元一部得之，而稿本部分则万难加以精确之估价。即如《国榷》与翁覃溪《四库提要》稿本，如在坊贾手中，其价均不易谈妥，且恐均非数千金不办。其他类此之书颇亦不少。近得覃溪《纂修四库经过》二册（手稿），价二百元，如此，则《提要》稿凡一百五十册，须一万五千金矣（当然万无此价，姑照比例言之），即以明刊本部分而言，“方志”一部每每在千金以上。篇幅浩瀚者尚不止此数。若天启刊本之《曾氏类说》，绝罕见，若有出现，恐亦必索二三千金左右。明代丛书，若《名世学山》《金声玉振》之类价亦极昂。明人集在“禁书目”中者，其价亦索昂。若《苍霞草》《睡庵文稿》《鹿裘石室集》《陈眉公全集》《七录斋集》等等，均非一二百金可得而问鼎。平市有《苍霞草》一部，索价至七八百金。以此计之，则此一千九百余种书，即毅然以三十万得之，尚不能称为浪费或奢豪也。北平图书馆近由赵万里兄向罗子经处得《湛若水同人录》等书六种，堆在桌上，不及一尺高，为册不及三十，而价在一千四百元左右。近来书价之高，可谓骇人听闻！（我辈所购者，平心论之，均尚在“廉”之一边，无甚太昂之书。）盖今日之情形，患在无书，而不在价值之多寡。特别在近半年来，坊贾得书益少，便益以“书”为奇货可居。偶有罕见之物，便高自抬价。可怪在价虽高而仍有人要。若燕京，若大同（代美人购书者），如遇彼所欲得之物，几乎是不论价而购。平贾辈亦往往因此而索取从来未有之高价。关于史料之书，尤可不胫而走。在此间收书之平贾辈，每恃与我辈向来交情，且彼辈亦利速售，故我辈尚能得到若干好书。近赵君从平贾某手中得到李文田稿本《元秘史注》四册（与刻出之本不同，李氏添注不少，并有文廷式及刘世珩附加案语甚多），价至六百五十元，而某贾尚龈龈不已，以为索此价，尚系因与赵先生交隋深厚之故；如寄平，至少可售八百元也。我常游坊肆，目接耳闻，大有戒心，且深为栗惧，惧将来得书之将益为不易也！普通刊本，固可因价昂弃而不顾，但如遇“可遇而不可求”之书，一失便不可复得者，便将以“文献”为重，而不能［不］忍痛收下矣。故仔细考虑，嘉业之书，论版本或不如瞿、杨二家及适园之精，论有用与罕见，则似较此数家为尤足重视。若在此时而欲逐渐搜罗类此之一“文库”，所耗金钱固为不赀，且实亦非十廿载之时间所能求得之者；其中有二三百种（特别在稿本部分），即悬价以求，恐亦万不能得到。彼所藏者总数凡一万二千余种，十六万余册，此番所取者，不过六分之一。所余清代刊本十余万册，宋至明刊本一二万册，均为“有用之才”；估值亦当在三十万以上。将来战事平定后，书价恐将更昂。且为中央图书馆计，此类基础书，实是必需者。故我辈似不妨与刘氏商一总数。（虽不必有形式上之契约，而口头上不妨约定。且即有契约亦不妨，盖时局定后，重建图书馆，必有无书之苦，此批书正得其用，而其款亦必可付，不必我辈负责也。）上次曾通过总数为五十万，实则，即多加些亦不妨。闻刘氏为人甚为寡断。若彼反覆，则前功必将尽弃矣。据施君传言，彼意欲全售，且深恐善本尽去，他书不易得善价，未免吃亏太甚。我辈如允许其全购，则善本必可一次全得。（除去重复者外。）否则，如分别论价，势必争论不决，或将不易成功也。首批款如付二十万（或二十五万）而得此一千九百余种书，在我辈固得计，而彼以全售之故，迟早全书皆为我有，当亦不至再龈龈争论多寡也。上次会谈时，我再三说明，上等之善本须一次得之，万不可再分批；一则恐不易分别高低，再则亦不易标定价格。彼尚不知今日之市价，如一旦知之，恐又将抬高售价矣。我对于选剔各善本，实已殚尽精力；如在此一千九百余种中再加分别第一第二批，实非力所能及！我辈自信眼光尚为远大，责任心亦甚强，该做之事决不推辞。任劳任怨，均所甘心。为国家保存文化，如在战场上作战，只有向前，决无逃避。且究竟较驰驱战场上之健儿们为安适。每一念及前方战士们之出生入死，便觉勇气百倍，万苦不辞。较之战士们，我辈之微劳复何足论乎！兹附奉善本目四册，凡每书上有〇〇为记者，皆我所选；凡未选者，一部分为已购置者，一部分为适园所有者，其他小部分则为不甚重要者。请先生于暇时再加选剔，详为指示为感！此目须时时检阅，选毕，乞即见还。再，刘氏书与适园书重复者并不多；盖原来收书之目标，二家不同；一着重在史料与实用，而版本书则为附带收下者；一则专门着重在版本书。如能全得刘、张二氏书，加以我辈所已购者，已大是可观。将来编成善本目时，书数当在五千以上；且较北平图书馆之“善本目”为整齐、有系统，不若彼之破碎凌乱也。此一工作，在此时成就，诚一奇迹也，大可踌躇满意矣！（“善本目”编成后，拟付刊。）刘氏书经此批选取后，仍可瞒得过外人耳目。盖彼明版重复书不入善本目者尚有不少也。故可不至惊动外人，尽可放心。韵秋固赤心为我辈帮忙，然于刘氏亦有多年宾主关系，对彼谈话，请不必十分公开！此信所谈，尤不可令彼知之！至盼，至盼！琐琐言之，已尽数纸。心有所感，姑向先生倾吐之。专此，匆颂

公祺

振铎拜上

29/9/1夜

1940年9月3日

咏霓先生：

来示及书目均已收到，宏论极佩！何先生处借款已说妥，兹奉上“借条”一纸，乞签字后即交还为荷！平肆款一万五千七百五十元（共支票四纸）已由何先生签好支票，乞于加盖印章后即掷下，以便转付。专此，匆颂

公祺

振铎拜上

29/9/3

1940年9月4日

咏霓先生：

昨日已将付李祖薰君款六百元交给晴湖先生带去，乞勿念！数日后，当可将装箱之善本书先运去若干。如果刘、张二氏书成功，则“善本书”当在四百箱以上；不知该处如何容纳得下！似将来仍当再想办法也。兹附上支票二纸乞加盖印章后交下。昨晚平贾陈某送来《乾隆上谕》二百余册（自元年至六十年均全，仅缺八册），极为高兴！此“近代史”最重要资料之一也，似各家目中均无之。不知当时何以流传如此之少。价格尚未谈。窥其意，二元一册，当可成交。专此，匆颂

公祺

振铎拜上

29/9/4

关于嘉业事，韵秋已来谈过，想今日彼当可晤见先生面商一切也。

1940年9月5日

咏霓先生：

前昨二日覆阅嘉业堂目数遍，将先生主张剔去及加选之二部分细细查考、研究，发现：剔去之一部分中，大有仍可加入者；而应加选之一部分，亦有我辈业已购置或与适园目中物重复者。当我选剔嘉业书时，曾加以三番四次之细查，凡复本皆已除去。所费工夫，实在不少。敝意，在此“第一批”书中，仅能择要而取；复本尤可不必收。一则为节省资力，再则，亦可免得嘉业主人意中以为善本尽去。其实，所取已多，似仍应再查一遍，再行剔除若干不必要及易得而价廉之书。昨日施君曾详谈，嘉业主人意，宋元刊本平均以一千元一部计算，明刊精本以二百元一部计算，较次者以一百五十元一部计算。如此，则坊间易得之本，凡其价在一千元以内之宋、元刊本，在二百元及一百五十元以内之明刊本，均可剔去不取。照此办法，似可将第一批之款，减去不少。敝意，至多第一批似不能超出二十五万。盖如超出此数，则适园书便难于问鼎，且他书亦不能购。照上次会谈结果，似至少须留七八万元至十万元，以为维持本会一二年之费用。不知先生以为如何？数日内当再抽出工夫，将嘉业目再仔细覆阅数遍，剔去二三百种，以符上数。俟查毕，当再将此“目”送上，请先生详细指示。菊老顷来一函，阅后，乞见还归档。来青阁前曾送上《李义山诗》等二种，兹将发票附上（言明共一百五十元），便中请付发票以便转交。专此，匆颂

公祺

振铎拜上

29/9/5

（第一单）

宋刊本　　《毛诗注疏》（残存十八卷）

宋刊本　　《皇宋中兴两朝圣政》（残存三十九卷）

宋活字本　《旧闻证误》（存二卷）

宋刊本　　《王荆公诗》（存十七卷）

宋刊本　　《施注东坡先生诗》（存四卷）

元刊本　　《氏族大全》（残存五卷）

以上宋、元刊本六种，为先生剔去不选，而敝意仍可加入者；盖宋、元本书，有一部分，虽系残帙，仍是可贵也。仍乞尊裁，示知

除此二单外，余均已遵命剔除或加入。

（第二单）

《春秋属辞》（？）等三种（赵汸）实非元刊本，已有属辞，但仍可取。

《隋书》之元刊本，已购得一部。（二十八宿砚斋王氏书）

《纂图互注荀子》（元刊本）（适园书中已有）

《增广注释唐柳先生集》（已有）

《朱文公校韩昌黎先生文集》（已有）

《松雪斋全集》（适园书中有之）

以上元刊本

《吕氏家塾读诗记》（适园书中有之）

《礼书》明刊本（张溥刊本，易得）（价仅二十元左右）

《稽古录》嘉靖刊本（已有）

《紫阳朱子纲目大全》 ｝似可择一而取
《资治通鉴纲目》 ｝

《大政记》（此为《明史概》之一，已有）

《路史》吴宏基刊本（已有洪氏刊本）

《愧郯录》岳元声刊本（已有）

《皇明大训记》（《明史概》之一，已有）

《孔子事迹图解》（日本刊本，似可不取）

《圣贤像赞》（易得）

《文献通考》明冯氏刊小字本（适园有慎独斋刊本）

《经济文衡》（已有元刊明修本）

《古今律历考》（适园已有）

《容斋五笔》（明刊本，须查；如为马刻本，已有）

《艺林伐山》（易得）

《尊生八笺》（风雨楼书中已有）

《自警编》（嘉业有宋刊本）

《百川学海》（群碧楼书中已有）

《广百川学海》（适园已有）

《白孔六帖》（已有）

《续世说》明翏翏阁刊本（易得）

《辍耕录》玉兰草堂本（已有）

《世说新语补》（已有）

《念庵文集》（似已有，待查）

《四溟山人全集》（似已有，待查）

以上明刊本

《复社姓氏录》二卷（已有刊本一种，较此为详。）

《明朝宫史》（已有明末刊本）

《慈湖先生遗书》（已有刊本）

以上抄本

右元、明刊本及抄本三十五种，皆先生所加选，而敝意以为可剔去者。大部分皆系已购置者，似不必重复购入；一部分适园目中所有。我辈既主张购适园书全部，则嘉业书与之重复者自可不必在第一批选入，小部分则为易得之刊本，可不必在第一批选入者。但一切仍请尊裁！

1940年9月11日

咏霓先生：

数日未晤，深以为念！平贾有以外交部档案八十余册求售者；索五十元一册，实属骇人听闻！闻此项档案系得自南京。谅为当时未及迁出之物。关于四川矿务一部分，尤为重要。（尚有若干已为北平图书馆所得，价较廉。）兹奉上三册，乞鉴阅。类此之“文件”，我辈似应为国家保存也。《四国新档》二十五册，完全无缺，系分国者，与《夷务始末》不尽同，亦可注意。拟以二千数百元得之，先生以为如何？专此，匆候

公祺

振铎拜上

29/9/11

1940年9月14日

咏霓先生：

前日示悉。装箱事已在赶办，因大木箱运不上去，故均用小箱装，而小箱均非配“锁”不可。现在一面配锁，一面编目；下星期内当可运入十余箱，敝意该处至多只能暂放四五十箱，必须留出空隙，以待刘、张之书；否则，刘、张书又须另觅储藏之地，实大为不便也。先生以为如何？“外交档案”闻南京又出一批，为彼方所扣留，出价甚高，我们所得之一批，贾人坚持不肯让价，最后，坚持非二千七百元不售。约计：大约须三十余元一册。（共85册。）价虽

昂，似须购下。否则，又将售予“彼”方矣！乞尊裁！致蒋函一，阅正后乞即交下，以便寄发。附上支票一纸（一千元），请于加盖印章后掷还为荷！专此，匆候

公祺

振铎拜上

29/9/14

1940年9月21日

咏霓先生：

连日装箱甚忙，故未致函奉候，歉甚！善本书，除前已装好十四箱，存放某馆外（因木箱太大，不能运上“科”楼），现又装好四箱（旅行箱），拟于下星期一二运去。以后，即用腾空之书箱来装“善本”，一则可以省费，二则易以搬运。大约每天可装二箱左右。凡存“科”之善本书箱，概以“千字文”编号，盖用“纫秋山馆”图章。（购来之旧章，似可利用。）预计约可装四十箱，均藏“科”楼。每箱均有详目。特以奉闻。连日约略估计，“善本”约有一千四五百种。如加以刘、张二家所藏，则可至五千种以上，宋元本亦极可观。（宋本约一百二十余种。）不仅足傲视近来之一切藏书家，且亦足以匹敌北平图书馆矣！惟盼续款能早到，俾刘、张二家书能够早日解决，则我辈之工作可以告一段落矣。在此时局，能为国建设一如此宏伟之图书馆，其工作又艰巨与重要，实远在黄黎洲、叶石君等人以私人之力，收拾残余者之上十百倍也。近来所购，概以张、刘二家书目所未备者为标准，故所得以珍本秘籍为多。前日邃雅斋送来明人集数种（新由杭州购得，盖系萧、绍一带散出者），均佳，中有鄞人集《鸠兹集》一种，万历刊本，似尤有用。不知先生处有之否？此君文字甚古怪，大约中“七子”之毒极深。然集中颇多有关系之文章。兹

附奉，乞鉴阅。又得旧抄本《蔡复一集》四册，蔡氏为明末钟、谭（竟陵派）之嗣人，似未见过刻本。《晚明史料丛刊》正在拟目，付商务影印行世，想可成功。柳亚子先生素热心于晚明史料之搜辑，对于此事，曾数次通函，极盼其能成为事实也。（拟目明后天当奉上，请指示。）专此，顺颂

公祺

振铎拜上

29/9/21

又，工役告假后，因无甚需要，并未派人接替，并以奉闻。

1940年9月26日

咏霓先生：

前日奉上一函并《鸠兹集》一部，谅已收到。连日染轻微之感冒，一事不能做。惟郭、施诸君仍在积极“编目”“装箱”，并不以“交通”不便而请假。际此国际局面千变万化时间，敝意：重要书籍以藏“科”最为妥善。故连日催促速装。满十五六箱时即可运去。（以小搬场车无搬夫，不能搬运上楼，故须用大车运，可多装若干箱。）《晚明史料丛书》第一集目录已拟就，兹附上，请指正。其中《甲申纪闻》等均极罕见；《先拨纪始》虽有通行本，然此为原刊本，与通行本歧异处不少，故可贵。先生指正后，当即函蔚堂一商，便可交商务设法印出矣。附上支票一纸（一千元）乞加盖印章后即交下为荷！专此，顺颂

公祺

振铎上

29/9/26

1940年10月11日

咏霓先生：

数日未通音问，甚念，甚念！贵恙谅早已痊愈矣。天时不正，犯感冒者甚多。我近来亦甚不舒适，惟未至卧在床上耳。尚乞珍摄！顷与何先生商洽；致渝“慰”一电，文曰：“续股盼能即汇或先汇若干以应急需。恳覆。何张等叩。”先生谅同意也。盼示知，以便发出。连日编目装箱，尚进行顺利。施韵秋君拟于十月份起亦加薪二十元（共七十元）：近来物价高涨，车资日昂，区区五十元，实太菲薄。恳指示遵办。大约预计：下月内即可将“善本目录”编就。内容尚可观。专此，匆颂

秋祺

振铎上

29/10/11

1940年10月15日

咏霓先生：

顷得慰堂先生来信一件，已由何先生阅过，兹特奉上。阅后，乞即见还，以便归档。云款既决定可到，则刘、张二氏书，及今便可积极进行矣。张芹伯处甚盼先生有暇能与之面谈一次。菊老曾有一信来，甚挂念于张氏书之成交与否。盖菊生先生素来看重“版本书”，故于张氏所藏，尤为注意也。俟刘、张二氏书成交，则我辈之印行“丛书”计划，便可成功，且必甚可观。现时沪、平各贾所送阅各书，均行搁置，以无款可购也。其中，尽有佳品。前日苏州严贾曾以金武祥稿本二十册求售，索实价二百元，后以九折成交，似尚廉也。大抵，平贾索价高，欲望甚奢，沪、苏各贾，则均尚平心。如每月能

有一万左右之固定购书费用，则似以多购南方书为宜。“丛书”之计划，拟于暇时先行拟就，奉上，请指正。前所云《晚明史料丛书》，何先生意，以为过于凄楚，无兴国气象，拟多选有兴国气象之书加入。先生想亦必以为然也。专此，顺颂

公祺

振铎拜上

29/10/15

1940年10月16日

咏霓先生：

昨示拜悉。张芹伯与我素不相识，只好托韵秋代约一下，如何？金武祥稿本二十册，兹奉上；阅后，乞赐还，以便装箱。韵秋编目工作，均在敝处进行；装“箱”亦在敝处。故为方便计，存先生处各书请便中即送至敝处为荷。《长春县志》已装箱，存法宝馆。便中当提出奉上，以备录副。今晨，何先生得朱君一电，兹附奉，阅后，乞见还归档。现在此间环境日非，无人能担保“安全”。书能运出，自以即行运出为宜。但先生之意如何，尚乞示知！惟在运出之前，拟将要印行“丛书”之一部分重要图籍及其他必须录副之孤本，托商务先行摄印一份底板保存。不知先生以为如何？此意亦已去函商之菊老矣。日内有暇，当趋府奉候，面谈一切。有许多事要详商。上午均在校办公，实在无暇。不知在下午五时左右（任何一日下午均可），先生有时间约见否？专此，匆颂

公祺

振铎上

29/10/16

敝处之书已有十分之七已装箱，余书在一个月内当亦可完全装毕也。乞勿念！

1940年10月18日

咏霓先生：

昨谈甚快！致朱电稿已由何先生拟就，兹附上，阅定后，即可拍出。菊老今晨来一函，对《荀子》仍不肯开价。敝意拟给以三千元，俟款到即付。不知先生以为如何？如同意，便可通知菊老矣。彼如不肯售，当再商。专此，顺颂

公祺

振铎拜上

29/10/18

保管箱有“余地”可容否？乞便中示知。

1940年10月22日

咏霓先生：

兹拟就“报告”第五号，奉上，请于指正后即交还，以便誊录。又拟就“善本丛书目录”一份，亦能指正。又菊老交来之宋本《荀子》，经仔细考虑，估价，约可值二千至三千金之间；拟给以二千四百金，不知先生以为如何？帐目书函均在整理，整理后，即当奉上，请代存“保管箱”。专此，匆颂

公祺

振铎拜上

29/10/22

1940年10月23日

咏霓先生：

昨示奉悉。致慰堂函，已誊清，兹奉上，请即签字交下，以便于明晨交何先生签字后，即可发出。先生所需各书全部，俟检出后即奉上。敝处编目之书已所存不全。昨又送出八箱至“科”。大约尚有一二次，即可送毕。至“普通书”，则几已全部送“法”矣。下月起，施、郭诸位，当可全体至“法”办公。大约存“法”之“善本”，以“费”“邓”（风雨）为主，不到三四百种，在一个月内或亦可“编”就也。专此，顺颂

公祺

振铎拜上

29/10/23

又，兹先将与蒋君等来往函件一包奉上，请代为存放保管箱中，因此项函件似较帐目尤有关系，故先行清理出来。数日后，当再将帐目一二包奉上。如尊处保管箱无余地，不知能否代向某某银行租得一箱？此类文件，似以另放一箱为较妥。不知先生以为如何？专此，匆候

公祺

铎又启

29/10/24

1940年10月25日

咏霓先生：

昨示奉悉。云件承代存，至为感谢！致慰堂函，今晨由何先生签字后，已发出。顷“慰”有一电致柏公，已拟就一覆电，兹附上；请

改正后签字交下，以便拍发。装箱事，现拟托商务代办。据云：须有大木箱，内用铅皮封固，以免受潮湿。且随时起运，日期不能确定，故我们须事前准备就绪也。专此，匆候

公祺

振铎拜上

29/10/25

1940年11月13日

咏霓先生：

多日未晤，甚以为念。关于运书事，连日接洽已略有头绪。大致以外交文件运出，不经“关”检。否则，打草惊蛇，恐怕反要引起问题。何先生及我曾引之江代校长明博士至藏书所在参观。经细谈后，由何先生拟就一电，兹奉上，请指正。改后，乞即见还，以便明日拍发。（密电。）前先生欲阅之全书，兹检出：

（一）《孙子集注》；（二）《宋人小集》；（三）《历年二十一传》；（四）《博物策会》；（五）《古周礼》。

共五种，奉上，乞查收。尚有《策问考略》等未寻出，又《易经识余》全书，未由平寄来，均可暂行搁置，或先将首册见还亦可。专此，顺颂

公祺

振铎拜上

29/11/13

1940年11月26日

咏霓先生：

续股尚未到，一切均陷于停顿中，然借此机会，清理积书，亦是

佳事。各贾送来之书，大都退还，然实在孤罕之本，亦往往留之。顷见安吉（无锡人）未刊稿本一部，颇好（价二百元），已留之，兹奉上，请鉴阅。又有友人某君托中国书店送来焦氏《孟子正义》一部，系稿本；此书极重要，与刻本颇有不同。略加校读，已有若干处可增补刊本。某君初索千二百元，经再三商酌，已允让至九百元。（此君藏书甚多，均佳，清儒稿本尤多；彼不欲外人知其售书，故姑隐其名。）不知先生以为如何？兹亦将全书奉上，请酌定。大约关于此类书，决不轻易退回。盖刻本书不难寻到第二部；此类书则少纵即逝，实不欲放手也。（便中能与刻本一对，最好。）金武祥家又有稿本、底本一批，约二十余种，索六百元，以无甚重要者，未与积极商议。微闻嘉业主人已将其明刊本书编目付印。此事大有妨碍。我辈如不速办，此书一出，必将有问题，故甚是焦虑！"编目"事已将告一段落，正由施君整理写定。专此，顺颂

公祺

振铎拜上

29/11/26

1940年12月2日

咏霓先生：

前日奉上信一件，书一包（内为焦理堂《孟子正义》等抄本），想已收到，甚念！兹得慰堂先生一函，奉上，阅后，乞交还归档。玉老处如已有汇信来，乞即示知为感！闻渝沪通汇，至为不便，故须从港转。近有平贾孙殿起（即著《贩书偶记》者，为平贾中之最有实学之人）寄来书目一本，皆实用书，已略为圈出若干。乞先生再加圈定，以便嘱其寄书来。又杭州宋经楼亦出有书目一本，并附上。价奇昂，殊可恶！盖杭贾素来不大诚实也。日来树仁书店送来冯煦奏稿、

电稿等六十余册（先奉上一部分），甚有用（史料）。索二百元，约一百二三十元可得。似不贵。乞裁决。申报馆胡君介绍袁爽秋氏朋辈函稿十二册（先送样本一册来），每册索一百元，经数次商议，已落价至一千元。此书关系颇大，且系编年者，于近代史料大有关系，菊老亦甚注意及之。似可购下。兹将样本一册奉上，并请决定。专此，

顺颂

公祺

振铎拜上

29/12/2

1940年12月3日

咏霓先生：

昨示奉悉。“袁爽秋氏朋辈函稿”因原主来索取，已暂行退还。《孟子正义》刻在《焦氏丛书》中，当托晴湖先生奉上。昨因敝处应行编目之书已将次告罄，即将先生交下之一箱，从“法”馆运至敝处。昨夜经细查后发现：群碧书中，《皇明典故》（红格抄本）缺末一册（原为十九册，遍觅只有十八册），请先生便中一查！不知是否落在尊处。如能检出，盼便中交下，以便装箱。中国书店金、郭二君在嘉兴得沈氏藏书全部，正在陆续运沪。首批已到。兹将首批目录三纸，又书目二册奉上，乞阅。彼拟先行借款壹万元，曾与何先生详商，已开出支票（计壹万元）（详致何先生函，兹附奉，阅后，乞见还归档），先生如同意，乞即在借条上签字为荷。专此，顺颂

公祺

振铎拜上

29/2/3

沈书中，关于明史料一部分，最为可贵。已在书目中作圈为记。如《五边典则》《皇明书》《皇明经世文编》等等均极为难得。《辽东志》尤佳。“首本”若干，明日或可奉上请鉴阅。（顷已嘱其检理出来送至敝处。）

1940年12月5日

咏霓先生：

昨谈甚快！今晨晤何先生时，曾将先生昨谈之数点，与之详商。何先生意，嘉业事仍不宜放弃，盖以其中史料、稿本太多，弃之实太可惜也。惟须谨秘为之，且须待运输事有确定办法时再进行。一成交，即可一面点书，一面装箱矣。如此，或可不至“惊动人耳目”。否则，因噎废食，殊是功亏一篑也。沈氏书约可有三万元左右可取，其中罕见之本实多。（尤以史部集部为最好。）明后日清理后，当将“首册”奉上（现在所送来者皆为首册），请鉴阅。《唐三高僧集》，索价一百元，其折扣俟全部说定后再议。此书明日当可送来，当即行奉上。印书事，何先生极赞成。俟“书目”决定后，即可先行购备若干纸张。汇款已由敝校会计询之新华，可存入“书生本色”户中，惟须在背面加盖“书生本色”之图章。兹附上，乞于加盖后即掷还。又其余二张，如已取来，亦乞盖章后交下，以便一并存入。（关于印书事，意见颇多，拟目亦不易，当再行商谈。）专此，顺颂

公祺

振铎拜上

29/12/5

1940年12月6日

咏霓先生：

昨日汇票二纸已收到无误。汇单二分已照收，以便覆蒋。沈氏书目中，如有先生欲自购者，乞即行示知，以便嘱他们留下。否则，恐其他售也。《唐三高僧集》兹先奉上首册一本，余俟全书收到后即再送上。中国书店已将“首册”送来二批，除与我们已购重复者退还外，凡有与张氏书重复者亦已退去，所最难决定者惟在与刘氏书重复者之一批。只好暂留，以待此前提之解决耳。兹先将“史料书”一批（共二十册）又宋本二种奉上，请鉴阅。（与刘氏书重复者并注明。）此类书实不易得，如《皇明世法录》之类，均是坊间多年不见者。如《辽东志》，则殆是天壤间之孤本也。专此，顺颂

公祺

振铎拜上

29/12/6

致港叶先生函，俟拟就即奉上。

此信写就，又得来示，敬悉一切。各书均已收到无误。书目亦收到。

1940年12月7日

咏霓先生：

昨午奉上沈氏书一批，想已收到。复叶遐老函，已拟就，顷已送至何先生一阅，俟阅后再行奉上。致慰堂先生函，兹亦已拟就，特先行奉上，请先生阅正；阅后，当再交何先生一阅，即可誊清发出矣。沈目中好书实在不少。得此，“目”中顿为生色不少。闻菊老染恙，

已入医院。祝其能早日痊愈也。连日理书，他事全然放开；盖遍阅“目录”，检查有无重复之事，似若微细，实亦不甚易也。《大明会典》数书，敝意不妨收之，虽与刘氏书重复，然甚有关系。将来此种“复本”，慰堂自当有妥善之处置，且可与北平图书馆相易。此时如退去，必不可复得。何况刘书购否未定，似应慎重处理。尚乞先生裁酌。专此，顺颂

公祺

振铎拜上

29/12/7

1940年12月9日

咏霓先生：

昨示并书一包均收到。各书全部，当即嘱其检齐奉上。先生鉴阅，至为细密精明，极佩，极佩！有如对镜，物无遁形矣！惟略有不同之见二点：（一）破蛀之书，普通者可退，如为罕见本及孤本，则似不应因其破蛀而不收。盖如求雪白干净，不破不蛀者似极不易也。（如《献征录》等似可收。）（二）《大明会典》敝意以收万历刊本为宜，盖以其后出，材料较多也。弘治本（楷书者）虽在版本上远胜万历本，然材料却少。不知先生以为如何？此二点仍乞裁夺示知。兹又清理出“集部”书三十种奉上，仍乞鉴定。其中有向来仅见传抄本，未见刻本者（如《潜斋》《藏春》《陈刚中》等），且均系天一阁旧物，似不可不收之。朱君顷有一电致何先生，兹附上。阅后，乞见还归档。据来电意，似仍有十五万可到。前借何先生款共二万一千二百元（共支票二张），请加盖印章后见还，以便转去，取回借据销帐。又付敝处款五千元，付董会卿款二千元（共支票二张），亦乞盖章后交下。专此，顺颂

公祺

振铎拜上

29/12/9

叶函奉还；复函已拟就，由何先生改过，兹附上。何先生意，不必由二人具名，即请先生签名发出，如何？

1940年12月11日

咏霓先生：

昨示奉悉。书一包亦已收到无误。先生心细如毛，鉴阅精审之至！自当遵示分别办理。惟《吴礼部集》一种，似尚佳，且刻本甚罕见，刘、张二目均无之，尚可收。不知先生以为如何？兹由中国书店交来《唐三高僧集》全书，兹奉上。书品尚佳。《皇朝编年》全部亦已送来，兹并奉上。《辽东志》及昨单所要各书，俟取来后再行续奉。该肆因须付沈氏书款，尚拟向我们借支一万元，不知可付否？乞示。敝意，此一批书，二万元之数，想总可拣选。（中有日本《大藏经》等普通书，因蒋来函要购，故亦须取之；此书价格当在千元以上。）现尚未谈及折扣问题，将来必当设法使其减让也。如同意，当请何先生开支票。刘书，据施君谈，彼方欲望甚奢，奈何，奈何！敝意只有少取、精选之一法；取其最精华者而遗其糟粕。如此，则刘目所有之书，凡沈目有者均可剔去不收，以期减少名目；又宋元版一概不收，专取明本数百种，及抄本全部，如此，则“二十”之数，或可成交。尚乞便中再与施君细谈。此事年内如不解决，则必“夜长梦多”也。恳指示！专此，顺颂

公祺

振铎拜上

29/12/11

1940年12月13日

咏霓先生：

兹又奉上沈氏书首册三十种，计三十册，乞察收。内“丛书”三种，均佳。乞鉴阅，指示！刘氏书，何先生意，以速成为宜。盖朱、蒋处既来三数（尚有“一五”未到），必须办成一批也。此数除付张葱玉外，所余当仅能问鼎于刘氏之明刊本；至张芹伯处，只好待其后教部指拨之五数到后再谈了。致蒋函，仍未发；何先生意，拟待刘方有确定办法后再去信。不知尊见如何？专此，顺颂

公祺

振铎拜上

29/12/13

1940年12月14日

咏霓先生：

昨函并“头本”三十册，想均已收到。兹由何先生签就支票二纸，一为一千元，付瞿凤起君，一为二千四百九十元，付陈济川君，均为搁置甚久之书款，乞于加盖印章后交下为荷！又张葱玉处款，因何先生主张早日解决，昨已与之商谈，此君甚为豪爽，即允以三万五千元成交。此款亦已由何先生开出支票一张，兹并奉上，亦乞于盖章后交下；下午已约好他一谈，即可将款付讫。（书早已送来。）芹伯处事，亦可托他代为接洽。至刘氏事，下午施君来时，当可有确实之回音。施君日来正进行编张葱玉书目，此批书目编就，将“书”送出后，敝处便可廓清矣。（仅留拟抄留副本之书数种。）致遏老函已由何先生及我签字，兹附上，乞即寄出为感！专此，顺颂

公祺

振铎拜上

29/12/14

又昨日李贾紫东来云：有宋刊十行本《十三经注疏》全部，为阮文达刊注疏时所未见者，拟出售。此事实可疑；然如果有其事，实一大好消息也。已嘱其送书来看。菊老因病已进医院，要开刀，病状甚有进步。特以奉闻。

1940年12月17日

咏霓先生：

昨示并书一包均收到，《盐邑志林》，刘目中有之。郭贾索三百元。《拟儒林传稿》，似非阮刊，乞一查。瞿凤起君昨介绍抄本书三种，内《师友渊源录》最佳，尚是原稿本，且包罗乾嘉时人至四百余，可渭大观；实“学术史”上一重要之参考书也。似可购。乞指示！刘氏书前昨曾与韵秋细谈。彼方“举棋不定”，“言而少信”，殊可愤愤！然“书”实佳，万不能以市价相衡。（乞秘之，亦不可令韵秋知。）明刊部分一千三百余种，以最低价约略估之，可值十八万余；然彼方索二十八万，似过高。且彼欲与抄本并为一谈，合售四十万。敝意则欲先谈明刊本。如能以二十万购得此批明刊本，则此刻之力量尚可应付；如并抄本合购，超出三十万以上，则必须待教部款到，方能商议。且付讫刘款，则张书必不能问津。最好之办法，能说服刘氏，先以二十万购其明刊本一千余种，且说明，有余力，必再购其抄本及宋元本。韵秋云：今晨拟进谒先生。想已见到。我们必须拿定主张，且必须说服嘉业主人。最好能有一机会，由先生及我与嘉业主人面谈一次。不知先生以为如何？购书事，麻烦而易引起外人注目。敝意，俟刘、张二批解决后，此事即可作一结束矣。尚乞明示！专此，匆颂

公祺

振铎上

29/12/17

1940年12月18日

咏霓先生：

昨奉上一函并书一包想均已收到。昨日下午渝有专人来，已至敝处接洽过。此君为熟友，即徐森玉君（名鸿宝）（乞秘之），现任故宫博物院古物馆长；他们再三的托他来此一行。有许多话要谈。昨已与何先生通过电话。何先生意，拟借贵府，设备素餐，与他接风。时间为本星期六或星期日正午，仅有四人，不另约他人。不知先生觉得方便否？如不方便，则改在敝处亦可。恳即便复数字，以便转行通知。专此，顺候

公祺

振铎拜上

29/12/18

1940年12月19日

咏霓先生：

昨日二示均奉悉，昨日下午，曾偕何先生访徐森玉先生长谈。星期六正午之约，已与之说定。请先生届时惠临敝寓为荷。森玉先生为版本专家，有许多事正可乘便请教他，诚幸事也！张葱玉书正由韵秋编目；大约一星期后即可编就。俟编毕，即当将各书陆续奉上，请鉴阅。海日楼书尚有一批，即可由嘉兴运来。俟其送到，亦当即行转上，请批定。瞿书三种，确均不坏。《篆法偏旁点画辨》系思进斋写样未刻之书。三书共索六百五十元（《帅友录》索四百元，《汉碑校录》索二百元），尚未还价。敝意拟还以四百元，不知尊见如何？乞示！嘉业事及印书事，星期六均可详谈。森玉先生品格极高，且为此事而来，似无事不可对他谈也。专此，匆候

公祺

振铎拜上

29/12/19

1940年12月20日

咏霓先生：

森玉先生来，谈及渝方将开会，索购书之约略统计；兹以二日之力，略加计算，拟就一电，并已由何先生改过，兹附奉，请阅正。改正后，请签字交还，以便誊清拍发。支票一张（五千元）附上，亦请于加盖印章后交下，昨示奉悉，一切俟明午面谈。专此，顺颂

公祺

振铎拜上

29/12/20

1940年12月23日

咏霓先生：

前日谈极畅！现拟与森玉先生再谈几次，希望他能早日将已装箱之书加以点收，以免装运时，临时匆促。他本负责运输，点收当亦为其所负责任之一也。在运出之前，非详加点查不可。将来每一箱书查毕后，当即由森玉先生及我共签字贴封为凭。如此，责任便可分明矣。印书事，已设法先购宣纸六十刀，绵连纸四百五十刀，计共价洋五千八百二十元，兹由何先生签就支票一纸，又附上“支票领取证”一纸，均请于加盖印章后交下为荷！来青阁送来之《李义山集》等，如先生不购，乞便中交下，以便退还，或即由“会”购藏。因该肆已来催促多次矣。专此，匆候

公祺

振铎拜上

29/12/23

1940年12月26日

咏霓先生：

昨与森玉先生详谈，已允点收所购各书。此事极为琐碎麻烦，恐至少须费一二月之力。兹遵嘱将张葱玉旧藏各书陆续奉上，请鉴阅。除普通者外，约可有八十余种上品，精品，拟每次奉上十种。先生将该十种阅毕后，即请送下装箱，以了手续。然后再奉上十种。韵秋对此批书，编目手续，已将告竣。兹所奉上者，皆系已编目完竣者。今日约定赴刘处阅书。拟先阅其宋元本；然后分批阅明刊本；最后阅其抄本稿本。并拟请森玉先生参加阅定，不知先生以为如何？兹附上支票二张，一为寄赵斐云兄者（五千元），一为付中国书店者（一万元）（沈氏书），请于加盖印章后交下为荷！（致何先生函，并附上，阅后，乞见还归档。）专此，匆候

公祺

振铎拜上

29/12/26

1940年12月27日

咏霓先生：

兹又奉上张葱玉旧藏书十种，阅后，恳即送下，以便装箱。昨日支票二纸及来示均拜悉。点收事，俟装箱告一段落，即可进行。今午偕韵秋赴刘宅阅其宋元刊本，约三小时而毕，大失所望！鱼龙混杂，佳品至少，直似披沙拣金；真金极不多见。此批宋元本，盖不过

一二万元之价值，万无出价十万元之理。观其书目，非不唐唐皇皇，按其实际，则断烂伪冒，触目皆是。所谓真宋本，比较可以入目者不过三五部；元本比较佳者，亦不过五六部耳。兹在原目上略题数语，乞鉴阅裁定。今午如偕徐公同往，必亦使其大感失望也。嘉业主人当时不知何以如此之滥收不择？若以较之我辈所得，我辈眼光诚远胜之！嘉业最佳之宋本，若《魏鹤山大全集》等，已为有识者负之而趋。此等精品既去，则所遗者诚皆糟粕耳。敝意，宋本应留者为：

（一）《宋书》；（二）《魏书》；（三）《新唐书》；（四）《施注苏诗》（残本）。

尚可考虑者为：

（一）《周易兼义》；（二）《琬琰录》；（三）《诗律武库》；（四）《自惊编》；（五）《王荆文公诗》；（六）《后村居士集》；（七）《文选》；（八）《观澜文集》。

元本可留者为：

（一）《春秋属辞》等三种（实际明刊本）；（二）《通鉴续编》；（三）《通志》；（四）《通考》；（五）《金陵新志》；（六）《困学纪闻》；（七）《搜神广记》；（八）《分类李太白诗》；（九）《徐节孝集》；（十）《放翁诗选》；（十一）《香溪先生集》；（十二）《陵川文集》；（十三）《云庄类稿》；（十四）《马石田文集》；（十五）《中和集》。

惟匆匆一阅，未可据为定论，尚须仔细阅定。但可留之宋本决不出十种，元本亦不过十种。敝意，刘氏书之价格（宋元本只可作附送之物），似不应在三十万以上也。数日后，当再往细阅其明刊本，再作决定。尚乞先生加以指示。（刘氏许多宋元本之印工，尚在前日所阅《乐书》及《读史管见》之下！）专此，匆颂

公祺

（此事乞暂守秘，勿告知韵秋，为盼！）

振铎拜上

29/12/27

1940年12月28日

咏霓先生：

昨上一函并张氏书十种，想均已收到。兹又检出张氏书十种奉上，乞鉴阅。嘉业事，连夜踌躇，不能决定。据其宋元本情形观之，大可弃之不顾。惟其明刊本过于重要，故仍极恋恋难舍。乞先生指示一切为荷！下星期起，拟每日赴刘宅阅书。大约每日总可阅二百种左右，则十日左右必可全部阅毕也。大约明刊本鉴别甚易，必可无多大困难问题发生。全部阅毕后，当再行详细报告。专此，顺候

公祺

振铎拜上

29/12/28

1940年12月29日

咏霓先生：

昨示并张氏书二十种均已收到；尚有夹板一副未交还，便中乞检出。先生所示各节，已遵办；须付印各书，均未即装箱。先生目光如炬，所下评语，佩甚！现纸张已购若干，即可着手印行若干种。兹又奉上张氏书二十种（共二包），乞鉴阅。慰堂先生昨来一电，由何先生交来，兹附上。阅后，乞见还归档。森玉先生昨午曾来敝寓，曾将此电交阅。关于“协助采购”事，彼亦欣然允诺。诚可喜也！所购各书统计，前已电复；明后日当再复一详函。想可来得及供蒋君应用也。昨日得《径山藏》（即《嘉兴藏》）二千余册，目录凡一巨册，

共二十四箱，极佳。中多未入“藏”之著作。似不可失之。俟取得《嘉兴藏目》（已印行）校阅后，即当将此目奉上。专此，顺颂
公祺

振铎拜上
29/12/29

1940年12月30日

咏霓先生：

昨偕森玉先生赴中国书店金君宅中观海日楼书，佳者颇多，甚惜未全部购之。然其精华，则已尽为我辈所得矣。兹又奉上张氏书二十种，共二包，乞鉴阅。细细检阅，张氏书一百余部，大多数皆是精品，殆罕弃“材”。不能列入“善本”目者至多不过十余部耳。余九十余部，皆“善目”中之上乘物也。专此，匆颂
公祺

振铎拜上
29/12/30

1940年12月30日

咏霓先生：

昨日送上张氏书二十种，今晨又送上二十种，想均已收到。明晨尚有十种可以送上。余尚未编目，韵秋又请假二日，只好待新年后再续送矣。兹奉上支票一张，请于加盖印章后交下为荷。今日下午又须偕徐先生往金君处阅书。盖我辈如不早选，则必为平贾辈所夺也。其中普通书，尽有难得之本；而抄校本中，佳者尤多，皆彼辈所未曾发现者。昨晚见到旧抄本《干禄字书》，为段茂堂手校，并有跋语，已亟为留之，实不宜失之也。此批书，俟年假中清理后，即当再行分批

送请先生鉴阅。专此，顺颂

公祺

振铎拜上

29/12/30

1940年12月31日

咏霓先生：

昨与森玉先生选定合肥李氏书十余种，中以明刊本《径山藏》二千二百余册，最为巨观（附樟木箱二十四只，极佳；可值千元）；此外明人集之罕见者亦有数种；会通馆活字本《白氏长庆集》，亦不贵；并有《清史稿》等普通应用书。选择标准颇严而精，计共价洋六千七百七十元正。兹由何先生开就支票一纸，兹奉上，请于加盖印章后交下以便转付。专此，匆颂

公祺

振铎拜上

29/12/31

1940年12月31日

咏霓先生：

兹奉上张氏书宋刊本《大佛顶心陀罗尼经》等十种，请鉴阅。今日下午又偕森玉先生赴金宅阅书，略选普通书若干种；因太多，尚未完全阅毕，尚须再去二三次，总以无遗珠为主。先生来示及张氏书二十一种（非二十种）已收到。拜读来示，深佩体大思精！惟略有所疑者，即：《月老新书》与《五代平话》似皆元版，非宋版；《地理新书》则决非金版，实明刊本也。前人所论，恐皆失之。然实无害其为天壤间孤本也。又《汉隶分韵》，先生以为明刊本，似实为元版。

拟印行者，皆已提出。将来当将各书聚集一处，再详加讨论，何者应先印，何者可缓印。敝意关于“史料”一部分似应先印。不知先生以为如何？顷得陈乃乾君来电，云：有姚振宗《读书记》三十二册（手稿），至少须售千元。今日下午可送书来，但须立即付款。敝意，如确系手稿，亟当收之。乞即加指示，以便遵循！（且当即约森玉先生一阅。）专此，匆颂

公祺

振铎拜上

29/12/3l

菊老第二次开刀，尚未知经过如何，甚念之！

1941年1月4日

咏霓先生：

年假中在写“总结报告”，并仔细统计宋元及明刊本，抄稿本种数、册数，尚未完全写毕。兹先草就第六号“报告”，附上，请削正，以便誊清寄出。姚振宗氏之《师石山房书目》（即《读书记》，内容极佳，多半为清儒著作之提要，足补《四库提要》之不备）三十四巨册，已购得。初索千元，后为某古董肆所得；新年中商谈数次，忍痛以二千零五十元得之。然仍觉值得。立即商之开明书店，已允代为出版。诚一可喜之事也！专此，顺颂

公祺并贺

新禧！

振铎拜上

30/1/4

1941年1月10日

咏霓先生：

兹奉上致何先生函及付修绠堂支票二张（一张应作废）；其中一张，乞于加盖印章后并致何先生函及废票一张一并交还为感！本定今日下午续往刘宅阅书，因临时森玉先生约定来谈，只好改到下星期起去阅书矣。专此，顺颂

公祺

振铎拜上

30/1/10

1941年1月13日

咏霓先生：

兹奉上致何先生函一件，及支票一纸，支票领取证一张，请于阅后，及加盖印章后，即行交下为荷！沈氏书告一结束，殊自慰！当于“编目”后，将各书分批奉上请鉴阅也。专此，匆候

公祺

振铎拜上

30/1/13

1941年1月13日

咏霓先生：

支票一张，已收到；下午即转付中国书店。森玉先生顷在敝寓，谈及：拟于最近一二日内请先生及何先生诸位至徐寓一聚（便饭）。同时并商运输各事。不知先生何日有暇？正午或晚间均可。请先生决定一时间，以便再约他人。专此，顺候

公祺

振铎拜上

30/1/13

1941年1月14日

咏霓先生：

昨日下午第二函奉悉；已转致森公。森公已决定定于星期四（十六日）正午十二时在徐寓请先生和何先生诸位聚谈。（另有请帖。）昨日和森公商谈购“百衲本”唐诗事，极兴奋。此实一好消息，亦一好机会也。今晨已请何先生开就支票一张，兹并与森公同署之一函奉上，乞于加盖印章后交下，以便转付前途。专此，顺颂

公祺

振铎拜上

30/1/14

1941年1月16日

咏霓先生：

兹奉上《通文馆志》二册，《七录斋集》及《容台集》各七册；此三书首册皆在先生处。余书当陆续送上，请鉴阅。今日正午在徐寓聚谈，请帖想已收到。承邀同行，至感！惟我在校办公，须十二时许始散归。拟不回家，即偕何先生同往徐宅。徐宅地址在：福熙路（同孚路西）升平街内百花巷一百〇五号，颇易寻到。特此奉闻。专此，顺颂

公祺

振铎拜上

30/1/16

1941年1月17日

咏霓先生：

昨谈至快！归后，百感交集；复取刘、张二目细阅，觉：张物佳品固多，下驷亦不少。刘物则多史料，稿本甚合保存“文献”之目的。即全舍其宋元而取其明刊、抄校亦甚可观。我辈所得，有数大特色：（一）抄校本多而精；（二）史料多，且较专门；如得刘物，则欲纂辑《明史长编》，必可成功；（三）唐诗多，且颇精。并世藏家，恐无足匹敌者。如再得蜀刻及书棚本唐集十余种，明活字本唐集五六十种（近有六十种左右可得），则重编《全唐诗》之工作，亦大可进行矣。得书不易，应用尤难。我辈如能在短时期内，尽量应用所得书，则诚不虚此番购置之苦心矣。我辈对于“学问”，野心甚大，每苦时力不足以赴之。姑忘【妄】言之，未必有成也。然“自古成功在尝试”。此二大工作，安知必不能成为“事实”乎？《明史长编》拟分数“部门”编纂，一为“列传”之部，拟以焦氏《献征录》及各明人集为根据，先成一《明碑传集》，此或简而易举者。所借北平图书馆之书，未能利用，大是减色耳。一为“本纪”之部，则拟印《明实录》及《明宝训》《大诰》等。一为“表志”之部，亦可搜罗明人各著作，如《国朝列卿年表》《马政记》《厂库须知》等为之。至关于“倭”“辽”诸役，则汇集各书为之；其体类《纪事本末》，亦类《四夷传》，殆是创举也。兹事体大，经费无着。惟事在人为，或竟有成功之时，亦难言也。敬乞指示！兹附奉支票三张，传新一张，系更换上次未能取款之一张者。加盖印章后，乞即便中交下是荷！专此，顺颂

公祺

振铎拜上

30/1/17

1941年1月20日

咏霓先生：

顷与何先生偶谈及，购书事，似应以刘家书为一结束；不宜“旷日持久”；且森公亦不能久住，势须在此一二月内有一“总结果”才好。兹拟就一电，何、徐二位均已同意，特奉上，请指正。如同意，请签字交还，以便拍发。沈氏书“首本”在先生处者，不知有若干种，兹先就所忆得者，续奉《管子》《老子断注》等五种二十一册。乞鉴阅。又中国书店催款甚急，先生自购之《七录斋集》（三百元），《容台集》（一百六十元）及《盐邑志林》（三百元）三种，全书兹奉上，书品似不佳，计共码洋七百六十元，（八折），折实，计共六百〇八元，如全留，乞即将款交下，以便转交为荷！又来青阁送来之《李义山集》等亦乞便中检出交还为感！专此，匆颂

公祺

振铎拜上

30/1/20

沈氏“首本”尚有若干种在先生处乞示知，以便检出全书奉上。

1941年1月22日

咏霓先生：

昨示并书一包均已收到。《七录斋集》等，当遵嘱退去。《盐邑志林》待商定后再奉告。“山静居丛书”果为“明世学山”之不全本，然价甚昂（三百元）当退回。银行中存款已罄，前发出之“西谛”户支票五千元及“王涥馥”户二千元均不能取，已退回作废。兹由何先生另行设法，存入千元；现开出支票二千元一纸，乞于加盖印章后交下，以应急需。兹附奉《石堂集》七册，《艺苑卮言》五册，

《辽东志》五册，又铅印本《辽东志》四册，乞鉴阅。铅印本《辽东志》与嘉靖本异同极少，似不必抄录；此铅印本不难得。先生如欲之，此本即可留下。其价若干，俟询知，即奉告。“电报”已发出，乞勿念！日内已约定森公点书；每书目片上，均盖印（一徐一我）二章为凭。所欲影印“书影”及“全书”者即可就便提出，以省手续。是否有当，尚恳示知。专此，顺颂

公祺

振铎拜上

30/1/22

1941年2月9日

咏霓先生：

连日下午偕森公点查“善本”，已达三分一左右。法宝馆方面，已查讫；存于敝处者亦已查讫。（尚有零星书，可再查阅一二次。）惟存于南京路者，因手续麻烦，且须购买椅桌，故须下星期内始可开始点阅；又第一次装箱之“大号书箱”十四只（亦存法宝馆），因彼压于箱堆中，一时不能取出打开，也只好暂缓十余日再查。此事如能早日告一段落，诚快事也！斐云兄不日即将北返。何先生意，拟以我辈（三人）名义，公请徐、赵一次，如何？拟在功德林，时间以下星期一二（十日或十一日）之正午为宜；此外拟再约凤举及森公之弟，范成、钱重知等诸人。未知先生以为如何？乞示知，以便遵办。（并请指定时间。）沈氏书中尚有未将全书送上者，兹再奉上，《颜氏丛书》等数种，乞鉴阅。专此，顺颂

公祺

振铎拜上

30/2/9

又，顷赵斐云兄来寓，谈及：刘诗孙又已来沪，不知有何任务？暑假时，彼来此，系为满铁作“说客”，欲购刘氏物。此次不知是否仍为此事？甚为焦虑！好在款即可到，立当成交，免生枝节。先生以为如何？

铎又启

30/2/9

1941年2月10日

咏霓先生：

昨上一函并书一包，想已收到，未得覆，为念！昨夜何先生交来慰堂先生来电一件，兹附奉，阅后，乞见还归档。玉老处之十五万，已到港。顷与玉老之侄公超通电话，知玉老曾嘱其代付此款。彼以上海无款，又去电请其汇来。但无论如何，此一二日内，彼可设法先行交来二三万左右。前送阅各书，如有已阅毕者，乞即见还，以便由森公继续查点、盖印，为荷！请客事，如不便，即作罢可也。《盐邑志林》，中国坚持二百四十元，现有友人亦欲此书。先生如不留，并请便中检出交下为感！专此，顺颂

公祺

振铎拜上

30/2/10

示悉，宴局当设法改在敝处或何先生处；俟决定后当再行奉告。

1941年2月10日

咏霓先生：

顷上一函，内附慰堂先生一电，想已收到。兹据叶公超君来电话云：香港玉老处汇款十三万一千〇五十七元已到，约定明日下午持收条取款。兹将“收据”写就，请签名盖章；明晨并当请何先生加盖印章，以便取款。此款由渝汇出原为十五万，汇水竟牺牲一万八千九百余元之巨，可谓吃亏太大矣！专此，匆颂

公祺

振铎拜上

30/2/10

1941年2月12日

咏霓先生：

昨示并收据均奉悉。昨日下午晤叶公超君，当即将港玉老汇来之款十三万一千〇五十七元收来（新华本票一纸），并将“收据”交其带去。此款，今晨已交何先生存入“书生本色”户中矣。知念，特告！送阅各书，如有在抄写中者，请不必匆忙赶抄，尽可暂缓送下。因森公尚须多住几时，且可先行点阅他处之书也。专此，顺颂

公祺

振铎拜上

30/2/12

慰函一件，顷收到，附奉，请一阅。阅后，恳见还归档。

1941年2月13日

咏霓先生：

来示并张书十种均收到。先生评定，至为精审，极佩！兹已与徐、赵二位约定，于明日（十四日）正午十二时在敝寓午酌，请帖已发出矣。请先生准时惠临为感！同座者并请有徐鹿君、张凤举诸位作陪。年前曾借暨大款三千七百元，以应急需，兹奉上支票一纸，乞加盖印章，以便归还。又另有支票四张并致何先生函一件，亦均乞于加盖印章后掷还为荷！何先生及敝见，均以为港款盼能全到，以便早日结束刘事。森公亦甚着急，欲早日归渝，但亦必须俟刘事结束后方能成行。故在此一月内刘事必须办成。余款方能有其他打算也。专此，

顺颂

公祺

振铎拜上

30/2/13

1941年2月15日

咏霓先生：

兹由何先生拟就致蒋电一通，乞修正后签字交还，以便拍发。印书事已积极进行。兹将“印样”奉上一份，乞审阅，指示。拟先试印《诸司职掌》一书；此书为弘治本，流传绝少，北平图书馆亦仅有残本。将来积成“十种”，即可出一“集”；积“二十种”，即可出二“集”。丛书详目，拟就，当再行商谈，并面请指示。专此，顺颂

公祺

振铎拜上

30/2/15

1941年2月19日

咏霓先生：

兹奉上王云五君来函一件，并拟就致王君函（拟即发出），阅后，乞即签字交下为荷！专此，顺颂

公祺

振铎拜上

30/2/19

1941年2月20日

咏霓先生：

昨示奉悉。刘氏书以早日解决为宜，故去函王君，托其将云款一次汇下。连日正偕森公赴刘处阅书。大约一星期内或可全部阅毕。届时当向先生详细报告，再作最后之决定。菊老已出院，身体甚佳，堪以告慰。兹附上致王君函（已誊清），乞签字，以便即日寄发。专此，顺颂

公祺

振铎拜上

30/2/20

1941年2月21日

咏霓先生：

昨示奉悉。致王君函，已发出矣。兹奉上致何先生函及支票二纸，乞阅后及加盖印章后交还为荷！又领取支票证一纸，亦乞加盖印章。连日偕森公至刘家阅书，甚感兴趣。十日内当可全部阅毕。版本有疑问处，均已当场解决。可喜也！闻森公云：袁守和不日或将来

沪。此人妒忌心极重。公开言：要破坏刘家事；不能不防之，且更不能不早日解决也！盖此人成事不足，败事有余。人心险恶，殊可叹也！专此，顺颂

公祺

振铎拜上

30/2/21

1941年2月27日

咏霓先生：

连日偕森公至刘处阅书；明版部分，已阅毕，甚感满意！“佳本”缤纷，如在山阴道上，应接不暇，大可取也。谨先奉闻。一二日后，当往续阅其抄校本部分。此事如告成，则我辈总算“大功”成就，殊可休息一下矣。夜间均在抄写所得善本目，亦殊不恶。合之刘书，约可有四千目左右，诚洋洋大观，不下于北平图书馆之四册“善本目”矣。（惟宋、元部分及明本地志不能及。）专此，顺颂

公祺

振铎拜上

30/2/27

1941年3月3日

咏霓先生：

示悉！贵处园内二大间房，务恳留下；因我们即不用，某处亦必须用到也；何况刘书点交时，必须有一大房子庋藏之乎？二百元尚不算昂。请费心代留。即从三月份起租可也。宋元本书昨日又阅一次，仍觉可取者不甚多。森公亦不以多取为宜。其间“伪本”必须剔去。敝意，其余“后印”本则不妨收之。盖我辈所得宋元本究竟太少也。

先生以为如何？专此奉复，并候
公祺

振铎拜上（第二函）

30/3/3

1941年3月7日

咏霓先生：

园中房间被夺租，亦无法可想；此种人不讲信用，大可生气！然不租亦可，因刘书即交来，房屋亦可敷用也。先生奔波数次，多费口舌，甚是不安！袁守和等已到沪（乞秘之），我辈可放下一桩心事矣。同来者有王某，欲来此，为美国国会图书馆购宋版书；见面时，当劝其为子孙多留些读书余地也！丁君近拟押运一部分书赴渝，已接洽数次。连日装箱甚忙。所运去者都为普通应用书。拟先付其运旅费三千元，已由何先生开就支票一纸，兹奉上，乞加盖印章为荷！（致何先生函并附上。）慰堂昨来一函，阅后，乞见还归档。先生如有暇，可否与丁君一谈？下午六时半，丁君当来敝处细谈，拟即偕其往谒先生。但先生认为不必要，或届时另有他事，则不来亦可。（尚未与丁君谈及先生。）专此，匆候
公祺

振铎拜上

30/3/7

1941年3月13日

咏霓先生：

经二月之力，已将我辈所得“善本”加以分类、编目；其次要之品，已加剔除。抄校部分，剔除最多。但细加检查之后，或尚有可加入

者。大抵不出二千种。一年以来，瘁心力于此事，他事几皆不加闻问。殆亦可告无罪矣。再加刘氏书约一千八九百至二千种，则总计：约得善本三千八百种左右，可抵得过北平图书馆四册“善本目”之三千九百种矣！以百数以内之款，值此书价奇昂之日，尚能得此数量，诚堪自慰慰人也！（平均每种不及三百元也！）何况尚有清代善本及普通本无数乎？兹将已清理就绪之“善本目”一份奉上，请鉴阅、指正，先生阅后，乞早日归还，以便再送何先生及森公一阅。专此，顺颂

公祺

振铎拜上

30/3/13

1941年3月15日

咏霓先生：

昨示奉悉，李君处房租，星期一下午当请晴湖先生送去。风闻刘书，有古董商在钻营甚力。故甚焦急！兹拟就致王君一函，乞签字交还，即寄发。附上支票二张并致何先生函一件。支票乞加盖印章，致何函阅后并乞见还，以便归档。刘书告成，我辈之工作亦可告一段落矣！“书目”编成，殊可观，堪称不负所托也！专此，顺颂

公祺

振铎拜上

30/3/15

1941年3月18日

咏霓先生：

兹拟就致慰函一件，乞加改正后签字，以便誊清发出。袁某在此，多方破坏，不知何意。连日殊为愤慨！恐其系代美之国书【会】图书馆出力也！（此事乞秘之，此函阅后，并乞付丙。）昨偕森公赴

三马路，得赵烈文、莫友芝稿本多册，甚为高兴。价仅三百数十金，诚不为昂也。俟送来时，当奉上请鉴阅。“善目”初稿，不知已阅毕否？其中如有须抄录及须提出一阅之书，乞开单交下，以便分批提出送上。王款迟迟不到，刘货不得不搁置，大是可虑！好在韵秋甚是帮忙，或可不至漏失。如得刘货，则我辈工作，可告一段落，且亦甚可观矣！书影九张，兹并奉上，乞一阅。专此，顺颂

公祺

振铎拜上

30/3/18

丁衣仁君恐一时不能成行，可否即留其暂在此间办事？乞示！

1941年3月19日

咏霓先生：

致慰函，已誊清，兹附上，请即签字交下，以便寄发。先生改正处，已照改讫。又其中，关于袁某处，偶有火气语，亦已删去。余皆不动。丁衣仁君又已决定动身西行。此君为何先生北大时代之学生，与慰堂同学，此次赴渝，系就中央图书馆之某职。非外人也。故有一部分事，似可告知。不知先生以为如何？仍乞示知，以便遵循。朱电已付丙，乞勿念。莫氏稿凡四册，甚佳；又赵氏稿较芜杂，然亦“材料”书也。（尚有七册未寄到。）兹并奉上八册。（共十二册）此次所选，凡十二种，价三百八十元；其他稿亦颇佳。（全部目录附呈。）究竟较之从平贾辈手中得到者低廉多多矣！专此，顺颂

公祺

振铎拜上

30/3/19

1941年3月24日

咏霓先生：

来示及书目等均已收到。承过奖，殊愧！我不过追随先生之后，为琐碎之工作而已。主持大计，全是先生等之力。抄校部分，得力于邓氏群碧楼所藏者不少。非先生力主全购，则必无今日之成绩也。就今日之书价观之，此批书实至廉。盖如欲逐部购置，即二三倍其值，亦尚不易得到也。我辈"目"中所缺"经""子"二部，如以刘书补之，大是可观！（"经""子"所以收购不多者，即留为购入刘书之准备。否则，必多重复。）并刘书计之，明刊本在二千二百种以上，抄校本约一千一百种，均可交代得过。惟宋元本部分颇为贫乏。今后拟专致力于此。先生以为如何？乞指示！菊老病后需款，其宋本《荀子》已交来，谈妥价值洋四千元。森公亦以为甚值得。兹由何先生开就支票一纸奉上，乞于加盖印章后交还，以便转送菊老处为荷！专此，顺颂

公祺

振铎拜上

30/3/24

1941年3月25日

咏霓先生：

昨示奉悉。菊老款四千元，已于今日送去。《今古舆图》必不误三月之限，乞勿念！惟朱印处殊模糊，亦无法可想之事也。港款已汇来一万元。拟仍用先生"书生本色"章及何如茂章取款。兹奉上印章式样二纸，又取支票证一纸，乞各加盖一章后交下，以便转送银行（上海银行）开户为荷！日来情势益非，我辈事，似非早日结束不可。闻令公子

有在中央银行任事者，想无恙，甚以为念也！专此，顺颂
公祺

振铎拜上
30/3/25

1941年3月27日

咏霓先生：

昨示并《粟香室杂著》等均已收到。今日下午，张凤举、李玄伯二位，请先生便酌；在座者有何先生、森玉先生及袁守和几位。兹将“请帖”奉上。先生如有暇，不妨去一谈。平贾辈之书，已清理过半。彼辈因平、沪汇水关系，多半愿将“首本”退回。凡非重要之书，均已退去；惟比较重要者尚扣留在此，陆续加以解决。修绠堂前送来《皇极篇》一种，共二册，已退去一册，尚有一册，未觅得。似仍在先生处。乞便中一查为荷！又尚有若干“头本”在先生寓所，如得便，亦请检出送下。我辈以四月底结束为目标。以后，得书为次，清理为急矣！“善本”清理后，即当着手清理“普通书”矣。附奉付敝处之支票一张（五千），乞于加盖印章后交下为感！专此，顺颂
公祺

振铎拜上
30/3/27

1941年3月31日

咏霓先生：

晨得香港王君一函，兹奉上，请一阅。覆函已拟就，如无修改，恳即签字，以便今日下午寄出。“图记户”图章，上海银行嫌不清晰，兹再奉上，请多盖数章交还为感！今晨又得菊老一函，并奉上。

阅后，乞见还。菊老函中所提及各书，诚皆人间孤本，得之，大足为我辈生色。仍请先生指示南针。书价颇难悬定，已覆函请其略示畴范矣。又付邃雅斋董会卿支票一张（三千六百一十元），请加盖印章后交下，以便转付。专此，顺颂

公祺

振铎拜上

30/3/31

1941年3月31日

咏霓先生：

来示奉悉。顷忘记附上王君原函，兹特再行奉上，请一阅。又上海银行存户证，似尚有一张须盖章者未见附还，乞一查，即加盖一章见还，以便转送为荷！匆此，顺颂

公祺

振铎拜上　第二函

30/3/31

1941年4月5日

咏霓先生：

刘书迄今未有确耗，殊为着急！见到韵秋时，请便中嘱其来敝寓一谈。主人颇懦弱寡断；颇疑有人从中作梗。（此人疑是袁某。）我辈不能不着力进行也！先生以为如何？我拟抽暇去访他一次，面谈一切，或先致他一函。此事如功败悬成，实太说不过去也！沈谷臣所写《弥陀经》，不知内容如何？沈为何时人？乞便中详示为感！近从潘博山许，得郑知同（珍子）稿本二种，甚佳。又得有康熙刊本《广西舆图》（六册），万历刊本《山带阁集》（朱曰藩著，道光间有翻

本，然多删节），颇得意。明后日当奉上，请鉴阅。专此，顺颂
公祺

振铎拜上

30/4/5

1941年4月7日

咏霓先生：

昨示并书一册，均已拜悉。沈氏手写经卷，近于美术观赏性质，似出我辈收购之范围外；且存款不多，所收以史料等书为主，此类书拟暂缓议，不知先生以为如何？朱君顷来一电，兹附奉，阅后，乞见还归档。又，历来所收各信件，现又已整理一批就绪，因存敝处不便，仍乞先生代存保管箱为感！韵秋昨晨来谈，已将敝意仔细告知，嘱其转达书主。我辈不能久搁下来，此事如不成，即当转而他商。为书主计，我辈如购不成，恐他方亦不易购成也。彼已允转达，惟其地位亦殊困难说话耳。专此，顺颂
公祺

振铎拜上

30/4/7

1941年4月8日

咏霓先生：

昨奉一函并信件一包，书一册，想均已收到。韵秋昨来谈，说：书主已有决定，拟先售明刊本一部分，或先售宋、元、明刊本部分亦可。其批校本，抄本，稿本部分拟暂行保留；又清刊本亦拟保留完整，不欲拆售。此与原议虽大有出入，但敝意，为急于成交计，不妨允之，单购其明刊本部分。（共一千二百余部。）余皆暂行放弃，待

后再谈。（抄稿批校本部分仍拟请其让予三十余种。）此一部分，拟以二十之数得之。彼即欲迁居。如同意，即可在三五日内点书付款。我辈有款在，不患无书。原来四十之数，本为彼之要求。现彼既不愿照原议出售，则我辈自可勉从其意，少取书，少付款。二十之数虽昂，但以现在市价计之，亦尚为值得。此事须立即决定。不知先生何时有暇？可否约柏丞、森玉二先生一谈，以便有所决定？明日下午二时或三时（新钟），在敝寓一晤，如何？乞示知，以便再约何、徐二位。同时并可鉴阅菊老送来之数书。附奉致王君一函（原稿及清稿各一张），如无问题，恳即签字，以便寄发。又付敝处支票一纸（五千元），请即加盖印章交下为荷，专此，顺颂

公祺

振铎拜上

30/4/8

1941年4月9日

咏霓先生：

昨示奉悉，何、徐二公已约好，准于本日下午三时（新钟）在敝寓茶叙。所谈事颇关重要。久未晤，深盼能一倾积愫也。兹附上支票一纸：

（一）来青阁：一千二百六十六元正

（二）瞿凤起：二千元正

乞即于加盖印章后交还为荷！刘书成功后，“善本”总目，即可编就。即剔除刘氏之宋元本及抄校本，亦尚有三千种以上，诚是洋洋大观也！仔细披览“所得目”，甚自欣幸！拟在五月底以前，将“善”目全部编成寄去，亦可告一段落矣。专此，匆颂

公祺

振铎拜上

30/4/9

1941年4月12日

咏霓先生：

前日谈至畅！昨午韵秋来，当以我辈致酬五数之意告之，彼甚觉高兴！刘事必有望，大约今明日下午必可有确切之覆音也。先生主张，最为近情合理。如此款由书价中扣除，恐有种种不便，韵秋亦必有种种顾忌也。此事告成，皆先生力也！菊老书五种，已还以二万，然迄今尚无覆音，恐系嫌少。奈何？！中国书店主人金颂清已故世，先生所购之《唐三高僧诗》，八十元，乞付下，以便转交。又《盐邑志林》一书，彼万不肯售，乞便中检出交还。专此，顺颂

公祺

振铎拜上

20/4/12

顷得菊老一函，附奉，阅后，乞见还。照价加三成，即共价二万六千元，似可照允。仍请裁决！

1941年4月15日

咏霓先生：

刘事反覆无常，变幻百出。昨日几生意外。书主欲加殿版《图书集成》一部，共索三十万，当即答以：三十万可付，惟须多取他书，《图书集成》不要；又问，如仍以四十万购前单之书，可仍照付否？当即答以：可付。彼乃无辞而去。惟坚持二十五万之数。经与何徐二

公一商，已允二五之数。此事总算定局矣！好在相差仅一数，想先生必可同意也。昨日下午已去点书。今明日尚须续点。点毕，即可付款取书矣。付款当遵尊意，开零星支票若干张，以免人注意。乞勿念！兹附上致慰函一通，又支票二张。（一付赵一万元，一付敝处五千元。）乞阅正及加盖印章后交还为荷！中国书店款八十元已取去。《盐邑志林》事，已嘱其赴尊处面洽矣。专此，匆颂

公祺

振铎拜上

30/4/15

1941年4月17日

咏霓先生：

兹已将致慰函誊清（略有修改删并处），阅正后，乞即签字交还，以便于明晨托人寄发。刘款已付讫，并已取得临时收据。书今午可运来一批，当即行转送某某等处分别储藏，乞勿念！所云房间，未知已租定否？乞示！如无希望，即当设法进行他处矣。因现有处所，万万放不下刘书也。专此，顺颂

公祺

振铎拜上

30/4/17

1941年4月19日

咏霓先生：

昨日下午二示均拜悉。先生琐琐费心至此，最为感愧！刘书昨已运藏某处一批。今午续到时，即可再运一批至王宅储藏矣。明日可再运若干分储某某二处。分藏四处，当可放心。“科”“王”二处，

似均须保险，盼先生便中即着人代办一下为荷。每处均保险十五万，如何？乞裁决！此事告一结束，除还旧欠及略购若干不能不购之“善本”外，大可休息一时。即利用此时间编目。今加入刘书，我辈之“善目”已大可观矣。（顷何先生面告云：港款又汇到十数，特以奉闻。）专此，顺颂

公祺

振铎拜上

30/4/19

又李氏书，已托某贾估价，共计值洋八千元；我辈共取四十余种，估四千元，余书该贾亦颇愿以四千元购下。乞通知前途，不知愿售否？

1941年4月21日

咏霓先生：

示悉。保险事分作两批托人办理，最妥。刘书已于前日下午运毕，当即分藏他处。堪释念也！某氏书，由某贾约略估价，并未细算，故无每种之价目。我辈所需者凡四十余种（以〇〇为记，但仍乞裁定），彼共估洋四千元。兹将原目奉还。如能成交，即可付款也。余书可不必提及矣。专此，匆候

公祺

振铎拜上

30/4/21

1941年4月22日

咏霓先生：

昨上一函，谅已达览。我辈所取某氏书四十五种，估价四千，实

不为廉。想前途当可出让。惟在成交之前，不知能先行阅书否？盖抄本书之价值，大有高下，非目睹不能决定也。今日起，刘书可分部清理、点查。下午，拟请晴湖先生至王宅排架。先生如有兴致，二三日后，即可至该书［处］阅书矣。其中史、集二部，佳品实至多也。兹由何先生开就下列支票四纸，请于加盖印章后交下，以便转付为感！

（一）施韵秋：五千元正

（二）张菊老：二万六千元正

（三）陈济川：一万五千三百〇三元四角二分正

（四）修绠堂：二千三百二十元正

预计至迟五月底，购书部分之工作，必可加【告】一段落矣。所余者，惟清理普通书及印书之工作而已。如能印四五十种好书，则我辈对于前人亦可告无罪矣。附奉拟印书目一份，乞详加指正为感！专此，顺颂

公祺

振铎拜上

30/4/22

附上致王君一函，如可用，乞即签字交下。

1941年4月25日

咏霓先生：

昨午施君来，又送下刘书十余札，现未交者仅十种左右耳。俟交齐后，即可嘱其写就“帐”本（书目）交来，以清手续。王宅书架，大约后天可布置就绪。星期天上午，先生如有暇，可同往一观。兹需付蟑隐庐书款一千元，已由何先生签就支票一纸，兹附上，乞加盖印章交还，以便转付为荷！专此，匆候

公祺

振铎拜上

30/4/25

1941年4月28日

咏霓先生：

兹奉上何先生函一件，阅后，乞批示见还。我辈本有结束之计划，故对此，自无问题。不过“清理”略费时力耳。支票二纸，已由何先生开出（（一）五千元，（二）三千七百七十八元五角），请于加盖印章后交下为荷！专此，顺颂

公祺

振铎拜上

30/4/28

1941年4月29日

咏霓先生：

昨示奉悉。兹奉上致慰报告第八号，乞详加指正后，再行誊清发出。保险费四百八十六元，兹开就支票一张奉上，乞察收。琐琐劳神，至感！前托藏之“函件”二包，便中乞取出交下，以便存入敝处之保管箱中。又，前奉之“丛书目录”一纸，不知尚能检出否？如便，乞检出附还，以便存底，省得再抄一次也。店务拟分两步结束：（一）本月底结束“零购”工作；（二）五月底结束“善本书目”编辑工作。“无事一身轻”，五月后当可稍稍休息一下矣。专此，匆颂

公祺

振铎拜上

30/4/29

1941年5月2日

咏霓先生：

前昨两示奉悉。保单已收到，费神，至感！保费四百八十六元，兹开就支票一张奉上，乞察收。《范氏奇书》，及《明世学山》二种，即可检出奉上。嘉靖《宁波府志》四十册，兹附奉，乞察收。刘书，闻尚有数种，在先生处，如抄毕，乞便中送下，以便清帐。《颐庵支稿》为明人作，非宋之刘时举也。报告第八号底稿，先生忘未签字，兹附奉，乞补签。又誊清稿亦乞签字交还，以便寄发为荷！敝处支票一纸（三千元），并乞加盖印章交下为感！专此，顺颂

公祺

振铎拜上

30/5/2

1941年5月7日

咏霓先生：

前函所言敝处“函件”两包，请先生检出交下事，不知现已检出否？甚盼能交下！因欲查阅也。又陶氏涉园书款一项，请便中嘱盐业（？）将收据交下，以便清帐。（书单可不必急急交下。）不知该项款数为“四千”抑“三千”余，记得当时系付“汇划”，似亦须折成“现款”，以便计算。费神，至为感荷！专此，顺颂

公祺

振铎拜上

30/5/7

1941年5月12日

咏霓先生：

九日来示拜悉。函件二包及书款收据一纸亦均已收到，费神，谢甚！连日坊贾来者渐少，比较空闲，即乘此专力于“编目”工作。现初步剪贴工作，已告完毕，刘书全部亦已加入其中。惟第二步誊清工作，较为麻烦，因须分别部居，排列前后，处处须查书也。数日后（最好下星期内），先生如有暇，可否约何先生诸人一谈？乞示知日期为盼！专此，顺颂

公祺

振铎拜上

30/5/12

1941年5月13日

咏霓先生：

奉兹上付敝处支票一纸（三千元正）乞加盖印章后交下为荷！专此，匆候

公祺

振铎拜上

30/5/13

1941年5月17日

咏霓先生：

兹因有要事待商（渝英庚款会有一电来），请先生于下星期一（十九日）下午四时至敝寓一谈为荷！何、徐二公已另约矣。专此，顺颂

公祺

振铎拜上

30/5/17

1941年5月19日

咏霓先生：

今日下午四时，在敝处会谈，前日已函详。现森公已在此，何先生亦将到。盼能即来为荷！专此，顺颂

公祺

振铎拜上

30/5/19

1941年5月20日

咏霓先生：

昨谈至快！先生对于古籍购置，鼎力支持，能见其大，至为感佩！我因气魄不大，对于价值昂贵之书，即有不敢问津之意。殊深愧惭！《本草图谱》及刘晦之各书，能得之，自感愉快。（当尽力设法截留之。）不知彼等是否已“迫不及待”而他售？近日明版书稍佳者已大涨，每每千元一部，不以为奇，而“史料”书往往涨至二三千元一部，似尚不如购宋元本为合宜也。先生谅亦有同感。综览所得善本书目，所不足者亦正为宋、元本，且“经”“史”二部之大“书”尤为缺乏。故于刘晦之之“二经”（“易”“书”“二史”“三国”“后汉”）敝意本欲罗致。因款已将罄，不敢开口。如马氏垫款可缓还，则刘书及《本草图谱》均可购入矣。（约共七万四千元。）宁可他处省用，而以购书为先务也。附上支票一张（一百五十元正），乞转付胶州路房租。又付：（一）菊生先生书款六千元正；

（二）陈济川书款六千八百八十元正；（三）王淳馥书款六千元正；（四）孙实君书款一千元正，共支票四张，已由何先生开出，乞即于加盖印章后交下，以便转付为感！此二月内，清帐、编目，事务极忙。然即此告一段落，已大可观。将来如能并得"南瞿南【北】杨"及张氏所藏，则"善目"中物，当在五千以上，宋刊本亦已近三百种，当是古今来"书目"中之最为巨观者，固不必论无敌于今日之天下也。有志竟成，想必可成为事实也。专此，顺颂

公祺

振铎拜上

30/5/20

1941年5月22日

咏霓先生：

顷得慰堂先生来函二件，兹附奉；阅后，乞见还归档。诸股东对购书事，意兴似甚浓厚。我辈本为保存文献起见，再辛苦一番，似亦应尽之责。如能将芹伯、瞿氏、潘氏、杨氏诸家一网收之，诚古今未有之盛业也，固不尽收拾"残余"于一时已！专此，顺颂

公祺

振铎拜上

30/5/22

（又《通鉴》一箱，便中乞送下）

图章已由森公托王福庵刻好，甚佳，兹奉上一"样"，但仍乞见还。

1941年5月23日

咏霓先生：

北平赵斐云兄昨寄来一航函，嘱即汇款若干至平，以便于端节时付帐。兹请何先生开出支票一张（计五千元正），拟于明晨电汇至平。乞即于加盖印章后交还为感！又李氏书，如能以五千之数成交，尚不为昂；惟盼能一阅其“书”耳。专此，顺颂

公祺

振铎拜上

30/5/23

又领取“支票簿条”一张，并乞盖章交下。

1941年5月24日

咏霓先生：

兹附上致慰堂先生一函，已由何先生阅过，乞即于详加指正后签字交还，以便誊清寄出。（又附航空纸一张，乞签字，以免誊清后再送请签字，多费手续。）盼能于下午交下，因尚须请森公一阅也。专此，顺颂

公祺

振铎拜上

30/5/24

1941年5月26日

咏霓先生：

前日致蒋函，已誊清托人发出。森公亦已阅过。彼亦有一函

致蒋，所述大致相同。月底办公费用，兹已由何先生开出支票一张（二千元正），乞加盖印章交下为荷，专此，匆颂

公祺

振铎拜上

30/5/26

1941年5月27日

咏霓先生：

昨示并李书一箱均已收到。箱内并无目录，计共十一种，兹另开一“目”奉上备查。此十一种中，以《枣林杂俎》及《群英诗余》为最佳，森公见之，亦甚为赞叹。《说文》（抄）亦好，余皆平平。惟《四明志》及《临安志》殊不佳。但合购，则亦不妨杂入。先生以为如何？专此，顺颂

公祺

振铎拜上

30/5/27

（又《杨师孔十种》，未见，实唐人集。乞查。）余书盼能便中陆续送下。

第一批收到：（共十一种）

《朱氏说文》　（抄）十二册

《秦汉图记》　（明刊）二册

《邦畿水利集》　（抄）五册

《枣林杂俎》　（抄）六册

《梵音斗》　一套

《临安志》　（抄）二册

《群英诗余》　　　（明刊）四册

《四明志》　　　　（抄）十六册

《忠孝经》　　　　（明刊）二册

《独学庐全集》　　三十册

《唐人集》　　　　（明刊）十册

此书第一册封面以铅笔写“杨师孔十种”，按此系唐四杰及沈、宋、孟集之嘉靖刊本。“杨师孔十种”则按原目系天启刊本也。乞查。

1941年5月27日

咏霓先生：

顷检阅李氏书第二批，抄目奉上，乞察收。此批书中，确以《海昌外志》为第一，《桂氏说文》亦佳，《天象玄机》最下。余皆中品，然均足补充（除《二酉堂丛书》外）我辈所未备“乙库”目录，有此若干种，亦足生色不少。惟究竟共值四千或五千，似须全部阅毕，始可决定也。专此，顺颂

公祺

振铎拜上（第二函）

30/5/27

屠氏收条已收到，谢谢！

第二批收到（十三种）：

《六逸诗钞》　　　十二册

《天象玄机》　　　八册

《古今词选》　　　六册

《隶篇》	十册（此系刻本，原目作抄本，疑误矣）
《中州名贤文表》	八册
《国朝名家诗余》	二十四册
《桂氏说文》	二十四册
《历代诗余》	四十八册
《庐户部集》	（明刊）一函
《海昌外志》	（抄）二套
《张氏丛书》	一套（即《二西堂丛书》）
《阙里孔氏词》	二册一函
《影园瑶华集》	二册一函

1941年5月31日

咏霓先生：

前日奉上一函，内附支票一张（五千元正），谅已收到。李处收据取得后，便中乞交下。“善本书目”卷一（经部）已抄就，共二百十六种，尚可观。乞加指正。（此一份系寄慰者，指正后，乞即见还）惟细观此目，所阙仍甚多。先生为经学大师，盼便中能示以补充之途径。（明版书为主。）“中英庚会”又来一电，兹附奉，阅后，恳见还归档。阅此电，可见内地诸公之热忱。此事似应面谈一次。先生何时有暇，乞示知，以便另约何、徐二公。专此。顺颂

公祺

振铎拜上

30/5/31

1941年6月2日

咏霓先生：

昨示并善目卷一均已收到。星期四之约谈，当即行通知何、徐二公。时间定为下午五时（新钟）如何？先生如不便，改早或移迟均可。乞示知，以便遵办。现拟寄邮包二百五十七件至港暂存（皆刘物）。已由何先生在运费项下开出一千元应用；兹将支票一张奉上，乞于加盖印章后交还为荷！专此，顺颂

公祺

振铎拜上

30/6/2

又附奉致慰第九号报告一件，乞于指正后交还，以便誊清发出。又附航空笺一张，如无问题，乞即并加签字，以便再送。

1941年6月2日

咏霓先生：

顷来示敬悉。覆“中英”会朱杭二位电已拟就，并已由森公阅正过。兹附奉，乞改正。改正后，恳即赐还，以便明晨再送何先生阅后，即可拍发。署名仍用何、徐二公，因来电系何徐也。先生以为如何？或用四人署名亦可。乞酌定。专此，匆颂

公祺

振铎拜启　第二函

30/6/2

1941年6月4日

咏霓先生：

昨晤何先生，据谈：本星期四因须为人证婚，无暇。我辈改为星期五（六号）下午四时会谈，如何？乞示。致慰报告第九号，何先生阅后，略有改正处，我亦于函末加了数语。兹已誊清，奉上，乞阅正。如无问题，乞签字交还，以便寄发。电文一件，已拍出矣。李书目录，暂存，俟过二三日后再奉还。前存先生处之书（连头本若干），如便，乞送下，以便清理手续。有渎清神，歉甚！专此，顺颂

公祺

振铎拜上

30/6/4

1941年6月6日

咏霓先生：

昨示奉悉。关于“补充”事，已列入“议程”。此事殊为重要，非先生主持一切不可。俟“善目”编竣后，“乙库”目及“普通”目便可着手。此“二目”均拟录副存放先生处，盖补充时，必需参考此二目，以免重复也。大致清儒所著之“经”“史”“子”三部分尤为重要，“集部”则以文集为主；至诗、词集似尚非我辈所急者。俟第二批款有把握时，自当另行拨出一二万，专供此用。（此款可存先生处。）连日寄出书甚多。兹由何先生开出支票（一千元），乞即加盖印章交下，以资应用为荷！今日下午四时会谈事，已约定何、徐二公。恳先生准时惠临为祷！专此，顺颂

公祺

振铎拜上

30/6/6

1941年6月9日

咏霓先生：

前日晤谈，至快！送下各书均已收到无误。先生费神清理，至为不安！未校毕及未用毕之书，不妨暂存先生处可也。《夏小正经传考》俟检出，即奉上。又刘书，先生尚需何种，乞速示知，以免寄走。忆得上次先生尚取去徐○○诗集一册，便中能检得否？专此，顺颂

公祺

振铎拜上

30/6/9

1941年6月12日

咏霓先生：

昨又寄出书一批；大致在下星期内可告一结束；我辈如释重负，可放心得多矣！兹附上应付运费支票一张（一千五百元），又六月份办公费支票一张（一千五百元），乞即于加盖印章后交下，以资应用为感！我大约本月底即将动身。森公归心如箭，亦将同行。但在行前，张、瞿二处，必可告一段落也。专此，顺颂

公祺

振铎拜上

30/6/12

1941年6月16日

咏霓先生：

昨由何先生交来蒋君一电，兹奉上。阅后，乞见还归档为荷！刘晦之书已为平贾工晋卿购去。风闻已归□□□，携之东去，作为礼物矣！可叹！！！我辈迟了一步，便成终生之憾！现已设法，不知能留

下几种否？（闻未全去。）今日购书，必须眼快手快，盖竞争者殊多也！办事之难，于此可见！《本草图谱》如不即解决，亦必将他去矣。当商之何先生，先借若干，以了此事。先生以为如何？专此，顺颂

公祺

振铎拜上

30/6/16

1941年6月17日

咏霓先生：

兹奉上敝处书目一份，又致先生函一件（有森公附注），阅后，恳见还，以便再送何先生一阅。万乞勿客气的批正。我辈做事，总以不惹人批评为主。售书是万不得已事。然售得其主，则亦无惜！专此，匆颂

公祺

振铎拜上

30/6/17

1941年6月18日

咏霓先生：

昨示奉悉。至感先生盛谊！惟何先生处款已不足，亟须电港、王处汇款来此。兹拟就一电，请阅正。明晨可拍发。何先生意：刘书既去，款如他用，必须再行商量一次。不知先生何时有暇？明日下午四时左右，可否在敝处一谈？乞示。专此，顺颂

公祺

振铎拜上

30/6/18

1941年6月19日

咏霓先生：

寄港第一批书已平安到达，可慰也！（港大许君来函云云。）第四批亦已寄出。明日可寄第五批。刘书运出，我辈之责任减轻多矣。将来究竟运渝或运美，须待蒋君之通知，才可决定办法。“星五”会谈事，因该日下午敝校有事商谈，拟定为星期六（二十一日）下午四时，如何？先生届时如无他事，即可决定矣。寄费尚须千余元。兹由何先生开出支票一纸（一千五百元），乞即于加盖印章后交还，以资应用为荷！专此，顺颂

公祺

振铎拜上

30/6/19

1941年6月22日

咏霓先生：

昨忘将房租奉上，歉甚！兹将支票开就附奉，乞转付。此项房租盼能将“收据”交下，以便归帐。又李氏书五千元，其“收据”亦乞早日交下为荷！刘书除少数抄校本及须重印者外，均已寄出，共一千七百十包。此工作可算告一结束矣！知念，特以奉闻。星期一（二十三日）下午四时之会谈，已分别通知徐、何二先生矣。专此，顺颂

公祺

振铎拜上

30/6/22

1941年6月24日

咏霓先生：

昨谈至快！先生走后，我辈又详谈甚久。当由何先生拟就电文二通，一致蒋君，一致王君，兹附奉。先生如同意，即可拍发矣。（蒋电系用密码。）阅后，乞交还。《本草图谱》及《于湖集》购得，当可抵得过刘晦之书矣。购书事，先生主持最力，极可感动！虽为国宣劳，不足言苦辛，然非有眼光，有魄力不可！今岁购置，倍艰于前。张、瞿二家如获有成，则我辈决当告休息一时矣！但第一批书事，必当先行结束。昨所谈，大致已解决。惟"乙类善本"及普通书尚未编目，似非赶办不可。昨与何先生商定，拟加聘商务编辑员沈志坚君（顷已离商务）帮助编目。沈君与我同事多年，人极可靠，慎妥干练，兼而有之，实一人材也。不知先生以为如何？月薪拟致送九十元正。又晴湖、韵秋二位亦各拟加薪二十元（各为九十元，均自七月份起）。盖近来物价及车资飞涨不已，彼等虽不言，实应代为想到也。先生以为然否？总计，薪金一部分连沈君在内，每月开支不过四百七十元而已。预算中实有余裕也。恳即示知，以便遵循！将来我赴港期内，会计事宜，拟托晴湖或韵秋代管。如何之处，亦乞指示。好在每月月薪连各处房租在内，不过千余元。如照二千元计算，尚可有余款可付各肆零帐，或略购应用书也。今日下午拟约郭、施各位会谈，分配职务，加紧编目。务期能于年内告一结束。印刷事宜，则已托中国书店杨金华君办理一切。此人亦极为慎密可靠也。专此，顺颂

公祺

振铎拜上

30/6/24

1941年6月27日

咏霓先生：

各电均已发出。昨森公得蒋君一函，兹附奉。阅后，乞见还，以便再交何先生一阅。函中“颍川”指陈公，“紫阳”指朱公。立兄，即杭立武君。“史部”目录一册，兹奉上，乞指正。《四明风雅》四册，又《琼芳集》二册（闻施君云：有序未抄）。并附上。支票一纸（五百元），为敝处月底所需用者，兹亦奉上，乞即于加盖印章后交还为感！专此，顺颂

公祺

振铎拜上

30/6/27

1941年6月28日

咏霓先生：

顷得蔚堂先生来函一件，兹附上。阅后，乞见还，以便再送何先生一阅。蔚函所云杨书（海源阁），确有如此情形。彼方索价既高，大可搁之不理，决不至有人竞购也。王款“十二”数已收到。敝书款“一”数，已由何先生开出支票一张，兹附奉，乞即于加盖印章后交还为感！连日赶写“子”“集”二部善目，一时不能即竣，奈何！！我辈所得，“经”部最下，“子”尚颇可观。“史”“集”二部则是精华所聚者。蔚及诸股东见到“史”目时，当必感高兴也。（“史”目已寄去。）专此，顺颂

公祺

振铎拜上

30/6/28

示悉。《东坡志林》（《稗海》）敝处有之，兹检奉，乞察收。支票收到，谢谢！《本草图谱》及《于湖集》款，当于“星一”请何先生开支票交去。请勿念！“善”目必须自抄，因韵秋恐未甚详悉也。好在不大吃力，不过多费若干时间耳。专此，顺颂
公祺

振铎拜上
30/6/28

1941年6月30日

咏霓先生：

前日下午奉上《东坡志林》一册，想已收到。《本草图谱》等款，已由何先生开出支票，计共四纸：

（一）潘博山二万元

（二）张葱玉一万四千元（《于湖集》款）

（三）中国书店三千元（外交档案一批）

（四）赵万里三千元

均乞于加盖印章后即行交下，以便于今日下午分别转付或汇出为荷！张芹伯书，麻烦甚多，我辈不妨缓图之！待其自来接洽为上策。先生以为如何？专此，匆颂
公祺

振铎拜上
30/6/30

1941年6月30日

咏霓先生：

示悉！支票四张，已照收无误，《东坡志林》一册，亦已收到。

写本《文选》一巨卷，兹奉上，乞察收。尚有日本帝大丛书所印之《文选》，下午当请晴湖先生检出奉上，以备参考。此为今知《文选》之最早者，非李善注，更非五臣本，或六臣本，乃“集注”也。中土久已失传。虽非全帙，亦绝可贵。覆蔚函，已草就，兹附上，请先生仔细指正后，再送何先生一阅，即可誊清发出矣。连日理书，极忙。早天气尚凉爽，否则，必汗流浃背矣。专此，顺颂

公祺

振铎拜上

30/6/30

1941年7月9日

咏霓先生：

何先生得朱君先后二电，兹附奉；阅后乞见还归档。马氏协运事，何先生已与面洽，恐甚困难，势非自运不可也。何先生所拟覆电，并附，阅后，亦乞见还，以便拍发。自运颇有把握，且较安稳。日内拟再运去若干。专此，匆颂

公祺

振铎拜上

30/7/9

何日有暇，能再晤谈一次否？

1941年7月12日

咏霓先生：

前昨二日偕森公往阅宝礼堂潘氏书，极为得意；书凡一百二十种左右，皆宋版也。（元版仅数种。）极精美。以宋版论，盖不在南瞿

北杨下也。本星期日上午十时之约，已通知何、徐二公矣。恳先生便中准时惠临为荷！兹附上支票三张：

（一）徐森公旅费五千元（内二千五百元可在香港取回）

（二）敝处七月份杂用一千五百元

（三）传新书店二千二百元

乞即于加盖印章后交下，以便转付为感！专此，顺颂

公祺

振铎拜上

30/7/12

1941年7月18日

咏霓先生：

兹奉上王宅房租洋一百五十元正，乞转交，并乞取一收据交下为荷！森公即将内行，赵君已来沪。何先生意：可否以我辈三人具名，公请一次？地点时间均由先生决定。地点能在先生处尤佳。“史部”书目，不知先生已阅毕否？因日内有需要处，恳便中交下为感！专此，顺颂

公祺

振铎拜上

30/7/18

1941年7月22日

咏霓先生：

森翁明日即南行，托带之书，已赶理就绪。惟《本草图谱》及《文选集注》（一卷）二种，是否同时托其带去，乞示。如先生未用毕，则不妨下次设法带去。如已用毕，乞即交下，以便装箱。专此，

顺颂

公祺

振铎拜上

30/7/22

1941年7月25日

咏霓先生：

森公昨晨南行，曾往送别，殊依依不舍也。精品托其带去二大箱。蒋、朱处曾来三电及一函，兹奉上。阅后，乞见还，以便归档。蒋、朱所急者为运货一举，实则我辈已办得颇有条理矣。再有半月，“善目”中物，必可全部运毕，殊可慰也！又致蒋函，因事迟迟未寄，兹已抄好，并加入若干语，乞审阅。如无修改，盼即签字交还，以便即行寄发。专此，顺颂

公祺

振铎拜上

30/7/25

1941年7月25日

咏霓先生：

示悉。致蒋函已留有底稿，故不必再抄，仅将先生所删改者就底稿上删改之而已。兹仍将该函末页附奉，请即加签名，以便寄发为荷！（先生偶忘签名。）专此，顺颂

公祺

振铎拜上　第二函

30/7/25

1941年7月28日

咏霓先生：

兹奉上支票一纸（五千元），系支付寄费者；乞于加盖印章后交还，以资应用为感！时局大变，幸货已多半运出。上海想可无虑；即太平洋一时想亦不至有战事。然货究以速运为上策。朱君屡电促速运，自应照办。好在森公已在港（到港电，迄今未收到），自可主持一切也。专此，顺叩

公祺

振铎拜上

30/7/28

1941年7月30日

咏霓先生：

森公已抵港，顷来一电云："最精货本周内航运手续繁复盼兄携二批货速来"敬以奉闻。又拟致渝朱及港徐各一电，请一阅；阅后，乞交还，以便归档。又需付石印工费洋二千元，已由何先生开就支票一纸，兹奉上，乞加盖印章交下为荷！专此，匆颂

撰祺

振铎拜上

30/7/30

1941年8月4日

咏霓先生：

顷接蔚唐先生一函，兹附奉，乞一阅。又奉上朱、徐各电及覆电，均乞阅后交还，以便归档。运输事，自信办理尚甚妥善。数日内即可全部告竣矣。（普通书不在内。）徐积余先生嘱其公子交来安徽

志书百余种，索万金以上。以今日市价计之，似不为昂。安徽志书本来难得，而其中孤本不少。市贾对于此项孤本，每种开价七八百元至千金，毫不觉奇。敝意如在万金以内（或万金）径可购下。先生以为如何？书目附奉，请鉴阅。专此，顺颂

公祺

振铎拜上

30/8/4

1941年8月6日

咏霓先生：

今晨徐积余先生之公子来谈，窥其意，该项安徽“方志”，非万金不办。已还价至九千元，彼尚踌躇。但相差不远，想必可得也。敝处旅费已请何先生开出支票五千元，又月来杂购各书款二千元，亦已开出支票，兹附奉，请于加盖印章后交下为荷！旅费先支者，盖因连日港币渐涨，拟先行购存备用也。专此，顺颂

公祺

振铎拜上

30/8/6

1941年8月12日

咏霓先生：

昨得森公一电，兹奉上；阅后，乞掷还归档。邮包目录，正在赶抄中，明日可寄发。此项目录，将存先生处一份，备查，如何？徐积余先生之安徽方志，已还价至九千以上，尚无消息。闻有人肯出一万四千元购之。敝意，此种书，最高价不过一万一二千元。不过，失之，未免可惜耳。微闻近来颇有人竞购古书，以事积储，大有移

“米”“布”而至“古董”之风。可叹也！上海游资过剩，将来大有问题。奈何，奈何！何先生交下领取支票证一张，又付赵万里先生书款支票二千元一张，均乞于盖章后交下为荷！港行尚未决定日期，大约在二十左右。在行前，必至先生处畅谈，并面请指示一切也。专此，顺颂

暑祺

振铎拜上

30/8/12

1941年8月16日

咏霓先生：

徐积余先生处方志事仍无覆音，恐已变计，只好听之而已。可见近来购书之难也！张芹伯书几经变化，价格无定。初索五数，后又欲提出书一百余种。敝意，提去精华大是减色，便无心进行。昨经张葱玉介绍，说：仍是全部，共索七十五万。细计之，以近日书价计，尚不为昂。（王贾得《后汉书》，竟向人索八万，可谓骇人听闻矣！闻蒋某竟以三万五千购去。可见近日之书价一斑！）惟须款有把握，始能进行，且以速决为宜。一手交货，一手付款。否则，恐芹伯又将变计矣。兹拟就二电，一致蔚，一致森，乞于加以指正后，交下，以便再请何先生阅后拍发。专此，顺颂

暑祺

振铎拜上

30/8/16

1941年8月18日

咏霓先生：

港渝二电已分别发出。（何先生阅签过。）此事如告成，则宋元本方面，可以弥补缺憾不少。抄校部分，亦大可壮观。深盼其能成为事实也。兹由何先生开就支票一纸（四千元），交敝处应用（八月份杂用及寄费），请于加盖印章后交还为荷！“存港书目”，明日可清理就绪，交存先生处。时局如此，各物以分存为宜。专此，顺颂

暑祺

振铎拜上

30/8/18

1941年8月22日

咏霓先生：

昨得森公一电，兹附奉，乞一阅。阅后，恳掷还归档。来青阁之宋余仁仲本《礼记》，经商酎再三，该肆定实价一万二千元。按此时市价，尚不为昂。此书森公在沪时已见过，确极佳，一无毛病。在芹、瞿货中，亦可算为上上品。敝意：徐积余处既无消息，似不妨移该款购此书。不知先生以为如何？尚乞核示，以便遵办。专此，顺颂

暑祺

振铎拜上

30/8/22

1941年8月26日

咏霓先生：

昨日下午往晤张葱玉君，谈及张芹伯货事。据云：大可接近。

芹伯已允减去十二万五千元；现索价六十二万五千元。如此，则与去岁所索三万美金之数甚相近矣。我辈大可交代得过！殊可喜慰！兹拟就二电（何先生已阅过），请先生改正后签字交还，以便即行拍发为荷！又王宅租金一百五十元，前日已托晴湖先生送上。便中请王宅将“收据”交上为感！专此，顺颂

暑祺

振铎拜上

30/8/26

顷得来示，敬悉。《西溪丛语》等四种，又王宅“收据”一纸均已收到。谢谢！

1941年8月29日

咏霓先生：

近日连遭失败，心中至为愤懑！徐积余氏之方志恐已失去（至今无消息）；刘晦之之宋本亦已被夺；前日所谈之宋余仲仁本《礼记》（余本极佳而少见；仅芹伯处有《左传》，然残阙甚多，十不存三），来青阁亦已变卦，不欲以一万二千元出售（本来已说妥书价），盖王贾又以一万六千元欲购之也。奈何？！奈何？！终夜徬徨，深觉未能尽责，对不住国家！思之，殊觉难堪！殊觉灰心！反省：我辈失败之原因，一在对市价估计太低，每以为此种价钱，无人肯出，而不知近来市面上之书价，实在飞涨得极多极快；囤货者之流，一万二万付出，直不算一会事。而我辈则每每坚持低价，不易成交，反为囤货者造成绝好之还价机会。诚堪痛心！二在我辈购书，每不能当机立断，不能眼明手快。每每迟疑不决。而不知，每在此千钧一发之际，便为贾人辈所夺矣！亦缘我辈不敢过于负责之故。往者已

矣，不必再谈矣！谈之，徒惹伤心！将来，当有以自警、自励矣！（有许多书，若非先生主持者，亦必已失去矣。）想先生必有同感也！日来悲愤无已，只好向先生一倾吐之。

兹向平肆配来新书约二百种左右（除去者系已有及不必购者），此项新书，大有用处，前已配来一批，用款不多，而甚有益，拟决购之。但仍请先生再加选定并裁决一切。新书因纸价关系，不能多印，每一出版，便成古董。以铅印、石印本为尤甚！盖极难再版也。为中央图书馆配齐一批，亦未始非“要务”也。先生以为如何？专此，顺颂

公祺

振铎拜上

30/8/29

附新书目一份。

1941年9月4日

咏霓先生：

森公昨由港寄来一函，知尚未内行。现一切运货责任，均由森公完全负之，大是辛苦，心中极为不安！徐氏方志事，已绝望，现拟将此款转购来薰阁之新书及他书等。已由何先生开出支票五张，兹并致何先生附奉，乞于加盖印章后，即行交下，以便转付为荷！专此，顺颂

公祺

振铎拜上

30/9/4

1941年9月6日

咏霓先生：

兹拟就致慰堂先生函一件，是否有当，敬乞指正。修正后，请即交下，以便誊清寄出。专此，顺颂

公祺

振铎拜上

30/9/6

1941年9月12日

咏霓先生：

前日来示奉悉。致慰函，现已抄好，兹奉上，乞签字后，即行交下，以便寄发。昨日森玉先生来一电，兹并附上。阅后，亦请交下，以便归档。芹货想可无枝节。惟不知何时来款耳。若旷日持久，难免芹方反覆。我辈惟有静候好消息耳。此批货若成交，“书影”及“善目”必大为改观。可喜也！《方氏墨海》久假未赵，至为不安！因不敢拆装，故迟迟未拍。现已设法照样拍照，不致拆散。大约十余日内当可奉上。乞原谅！专此，顺颂

公祺

振铎拜上

30/9/12

1941年9月13日

咏霓先生：

昨示奉悉。清集即当清理，乞勿念！蔚唐先生顷来一函，兹附奉。阅后，乞见还，以便归档。敝意芹货以全购为妥，且可较廉；否则，分批购之，又须重行商议，殊为麻烦，且必不得便宜也。先生以

为如何？二万之数，仅足购其黄跋一百部耳。似不妨稍缓几时，俟蒋款凑齐再与之恳切一谈，立可定局，专此，匆颂

公祺

振铎拜上

30/9/13

1941年9月16日

咏霓先生：

兹奉上付敝处九月份杂用支票一纸（三千元正），请即于加盖印章后交下，以便应用为荷！现因芹货及印刷事，亟待商谈。不知先生明日（星期三，十七号）下午三四时有暇否？如有暇乞至敝处一谈。届时，当约何先生到会也。乞即示知为感！专此，顺颂

公祺

振铎拜上

30/9/16

1941年9月17日

咏霓先生：

顷已与何先生约定，准于下午四时（新钟）在敝处商谈一切。务恳准时到会为感！专此，顺颂

公祺

振铎拜上

30/9/17

1941年9月18日

咏霓先生：

昨谈至快！存港书目，尚缺一页，兹补写奉上，乞察收。致蔚函，已拟就，兹并附奉，乞于指正后交下，以便再交何先生阅正。购纸款一万四千一百元，已由何先生开出支票，兹附上，乞于加盖印章后交还，俾能于今日下午付出为荷！先生所藏之《南雍志》，如允见让，最为感荷！估价可值一千二百元左右。不知能荷允诺否？乞示知为盼！专此，顺颂

公祺

振铎拜上

30/9/18

1941年9月20日

咏霓先生：

来示奉悉。致何先生函，下午当转去。王宅房租已将支票开好，正拟送上。兹附奉，乞察收。蔚昨来一函，兹附奉；阅后，乞见还，以便归档。致蔚函，已钞好（五日来函，已附覆于后），兹并附奉。乞于签字后交下，以便寄发。先生所藏明版书目二册，便中乞假一读，三数日内即可奉赵。《南雍志》款，下星期一二即可开出送上。芹货分批购买事，下午已约张葱玉一谈，或可就绪也。（读蔚函，察其意，亦与我辈同也。）专此，顺颂

公祺

振铎拜上

30/9/20

1941年9月23日

咏霓先生：

森公昨来一电（已覆），云：货已改运美，此大可慰也！兹将原电及覆电二件奉上，乞一阅。《南雍志》款一千二百元，兹附奉，乞察收。便中请将“收据”掷下为荷！又付石印局款二千元，请即在支票上加盖印章，以便转付。北平新书，先生所需各种，已嘱其重配一份来；中有数种已售缺，故未寄来。《食旧堂丛书》一种，已打八折，余书均实价。据云：实因汇水关系，不能再打折扣。兹将书单附上。各书当嘱其送上一阅。专此，匆颂

公祺

振铎拜上

30/9/23

1941年9月29日

咏霓先生：

何先生送来一函，嘱转致先生，兹附奉。朱君有一电致芹，兹并附上，阅后，乞见还。何先生曾与我谈及此事，云：应否交至芹处，或暂缓交去，均乞先生酌定，以便遵办。专此，顺颂

公祺

振铎拜上

30/9/29

1941年10月2日

咏霓先生：

前日来示奉悉。芹货事，昨曾与何先生谈及，而述及尊意。何先生亦以为朱电不妨暂搁，稍缓送芹。盖芹至今对于分批事尚未有覆

音来也。《今古舆图》三册，兹奉还；因朱墨套印模糊，不能印，即印出，所费至巨，且亦不会清晰也。前日在冷摊收得《约园藏书志》二册（计四卷，缺卷四集部上）。不知此书先生处有底稿否？敝处收得此书，决不出示外人。如先生处"底稿"已佚，则得此大可再抄一份也。（原书用《四明丛书》稿纸抄写，不知为何人所抄。）此书内容至佳，叙说明畅，似大可印行。先生以为如何？秋节书帐不多，兹由何先生开出支票二张，计富晋书社一千一百元，中国书店一千二百元，请即加盖印章交还，以便转付为荷！专此，匆颂

公祺

振铎拜上

30/10/2

又附致王云五君函草稿清稿各一纸，如无修正，请即签字交还，以便寄发。

1941年10月4日

咏霓先生：

前日忘将《今古舆图》附上，歉甚！兹奉还尊藏明本目二册，又《今古舆图》三册，乞察收。明本目录，应有尽有，且以时代分，尤为可贵；惟缺建文、洪熙、弘光、永历，颇有微憾。然此四朝刊本，实亦极难得也。（建文、永历刊本尤罕见。）敬谢！敬谢！专此，顺颂

公祺

振铎拜上

30/10/4

1941年10月5日

咏霓先生：

兹因购绵连纸八百刀，需款一万九千五百元，已由何先生开出支票一张，乞加盖印章后交下为荷！专此，顺颂

公祺

振铎拜上

30/10/5

1941年10月7日

咏霓先生：

何先生昨得慰一电，兹附奉，乞一阅。阅后，恳即见还归档。又昨得森公自渝来一“江”（三日）电，云：“芹货决购，款即全汇。”闻森公系一日由港飞渝。森公到渝后，必面述一切，故对于芹货，方能决定“全购”也。如此，分批购入之事，可不必再进行谈判矣。昨晤张葱玉，据云：芹为人至为反覆无常，非俟款到后面谈，立即解决不可。否则，事前多谈，彼必多犹豫，且货价亦必恍惚不定也。葱玉云：彼现又改索七十万。（前已允六十二万五千。）此事诚不易对付！然必当成之！只好俟款到后，我辈即与面晤一次，立即解决一切耳！先生以为如何？敝意，此批书决不可再漏失，即相差数万，亦当负责成之也。专此，顺颂

公祺

振铎拜上

30/10/7

1941年10月8日

咏霓先生：

兹拟就致慰电及函各一件，明午以前，必须发出；乞于修改后即行交下为荷！（明晨当送何先生处一阅。）芹事至为困恼麻烦。但我辈自当坚持“六二五”之数。此君反覆无常至此，诚非“始料所及”。然好在森公详悉经过，必能细述一切，不能责备我辈办事之无能也。变化不测，即购入“公是”货时，亦曾经过此一阶段也。专此，顺颂

公祺

振铎拜上

30/10/8

1941年10月8日

咏霓先生：

来示奉悉。芹方如此反覆无常，言而无信，照我辈性情，早当绝之，不与再谈。拟在致蔚函中加入“惟我辈对于此种‘言而无信，反覆无常’之情形，未尝不有‘深恶痛绝’之感！或竟置之不理，放弃此批货色，亦未为不可（曲不在我）。如尊处必欲购入，则我辈亦只有‘委曲求全’耳”一段，不知先生以为如何？恳即示知，以便遵办。又附上空白签名航空笺一张，乞即加签名，以便明午可以寄出。（明日不寄出，便须十一号才能寄出矣。）《方氏墨海》已照毕，兹奉还，谢谢！久搁未赵，心中至为不安！顷得明刊本《诗经世本古义》十六册，价三百二十元，尚佳。敬奉闻。专此，顺颂

公祺

振铎拜上　第二函

30/10/8

1941年10月13日

咏霓先生：

兹由何先生交来慰君一电，兹附奉；阅后，乞即见还归档为荷！又奉上付敝处支票一张（二千），为十月份杂用之款，请即加盖印章交还为感！专此，顺颂

公祺

振铎拜上

30/10/13

芹货款汇七万即可解决矣！详目当即编寄去。

1941年10月17日

咏霓先生：

兹拟就致蔚函一件，已由何先生阅过，特奉上，请先生阅正。改正后，恳即交还，以便誊清寄出。又，附上空白航空笺一纸，乞即加签名，以免誊清后再送先生签字，多一周折。专此，顺颂

公祺

振铎拜上

30/10/17

1941年10月17日

咏霓先生：

致蔚函已照改；“过火”之语，遵示删去。今日可誊清寄出。王宅房租一百五十元，兹奉上；请转交为感！专此，顺颂

公祺

振铎拜上

30/10/17

1941年10月22日

咏霓先生：

昨送下《皇朝编年》三十册，已检收，乞勿念！拟拍发致香港王云五君一电，兹附上。阅正后，乞交还。闻芹书有某方向之接洽说，时刻有变化发生。如我辈决购，非立即设法成交不可。拟就致朱、蒋一电，兹并附，乞阅正，即交还，以便拍出。如芹货竟为某方所夺，关系非浅！（此事乞秘之，为要！）且我辈又将为某作“嫁衣裳”矣！凡货最怕商谈接近时，有人插入竟购；不仅变化莫测，且价亦必将抬高也。先生以为如何？殊焦虑，姑妄言之！但愿我言之幸而不中也！专此，顺颂

公祺

振铎拜上

30/10/22

1941年10月23日

咏霓先生：

顷得香港王云五君覆电一通，特附上，阅后，乞见还归档。果不出所料，此款竟被冻结，无法寄来。然此间待用甚急。于无办法之中，晨与何先生商定：拟将此款汇渝，再由渝转沪。虽损失汇水若干，亦无可奈何之事也。先生同意否？惟有一前提：即由港汇渝是否可不遭冻结之影响。此一点先生必知之。敬乞明示。如亦被“冻结”，不能汇，则致王电（兹并附上）可不必拍发，以免多此一举矣。专此，顺颂

公祺

振铎拜上

30/10/23

1941年10月24日

咏霓先生：

芹货事，已有眉目。昨今二日均曾与芹面晤。彼颇以币值暴跌为憾，深叹去岁未贬值售予我辈；盖今所得之七十万，犹不值去岁之三十万也。经再三磋商，拟订一合同，以免再有反汗。定洋十万，明日可由何先生向马氏取来；如此，则大事已定矣！可喜，可慰！兹将“合同”二纸（一张改，一何注）奉上，请先生指示一切。又致朱电一通，亦乞阅定。芹坚持改“两个月”为“一个月”，敝意此点似亦可同意。先生以为如何？专此，顺颂

公祺

振铎拜上

30/10/24

拟于本星期六下午四时在敝处付定洋并签合同，盼先生及何先生均能一到。

1941年10月25日

咏霓先生：

兹拟就致慰函一件，阅改后，乞即交还，以便发出。此事至关重要，故不能不于今日发出也。何先生一条，兹附上，乞阅。马氏款十万，已收到，拟即以原支票交芹。顷已约芹于明日下午四时至敝处签订合同，同时付定洋。不知先生届时有暇一临否？此事告一段落，殊可放下一段心事。惟悬悬于心者，未知蔚款能准时汇到否耳！但愿其能有办法也。下星期一起，即嘱施韵秋君赴芹处编写目录，以便节省将来编目时间。专此，顺颂

公祺

振铎拜启

30/10/25

1941年10月26日

咏霓先生：

顷五时许，芹来此，何先生亦来，“合同”已签字，总算“大功告成”矣！可喜可贺！支票壹拾万元，已将马氏原票交芹收下。故不必再由我辈开出票子矣。特以奉闻。“合同”二纸，兹附上，乞即加签字交下为荷！时间改为“一个半月”，芹已同意。专此，顺颂

公祺

振铎拜上

30/10/26

1941年10月28日

咏霓先生：

今晨蒋蔚兄已汇来七数，芹事不成问题矣！可喜也！此款已由何先生存入“书生”户；将来取款时，仍用二章。拟先付芹四十，先行检点各书，并先取来黄跋一部分；俟点查无误后，再付余数。先生以为如何？兹由何先生开出支票三千元，付敝处作为印费之用，乞即加盖印章交下为感！专此，顺颂

公祺

振铎拜上

30/10/28

俟第一批书到，当请先生来鉴阅！

1941年10月29日

咏霓先生：

昨示奉悉。先生对于付款办法，深谋远虑，至为钦佩！惟尊示办法，过于琐碎，且芹君待款颇急，力以早付、多付为嘱，似以早付为宜，不知先生以为如何？不妨以五万或十万为一张，且可“不记名”，惟第二次（约在本月三十一日付出）似应付彼三十之数，不知先生以为如何？因付此款后，即可取得黄跋书，先行整理。否则，时间过于匆促，整理万来不及。敝意：“黄跋”及宋元本部分，由我整理，而抄校本及明刊本部分，则由韵秋在芹寓整理；如此，方可以分功【工】合作，速成无误。不知先生以为然否？敬乞明示。王云五君昨来一函，兹附奉。阅后，乞见还。现芹款多出十数，暂不挪用，故港款已可不必急急索寄矣。专此，顺颂

公祺

振铎拜上

30/10/29

1941年10月31日

咏霓先生：

来示奉悉。支票已收到，即转付，勿念！《莛圃书目》原有二份，一份已托丁君携渝，存蔚处，故敝处只有一份备查。好在每次交书时，均另有帐单。一俟黄跋书点查清楚后，当将此项清单奉上，请先行鉴阅。余当陆续奉上。（数日内当可再将“宋本”交来、点清。）专此，顺颂

公祺

振铎拜上

30/10/31

1941年11月1日

咏霓先生：

昨日傍晚，已将芹处黄跋书点清、接收。兹将写就之“书目”一份奉上，请阅定。阅后，便中请见还；因敝处拟保留一份也。（另一份当寄蔚。）何时有暇？请来阅书。装箱另放后，恐取出不易。此批书琳琅满目，诚令人有应接不暇之概！专此，顺颂

公祺

振铎拜上

30/11/1

1941年11月3日

咏霓先生：

昨日奉上黄跋书目想已收到；阅毕后，便中恳能见还为感！此数日内须亲至芹处检点宋元及抄校本书，故阅黄跋书事，至早恐须本星期六或下星期一下午始可从事也。何日有暇，乞示知为荷！（以便再约何先生。）朱君昨来三电，迟缓之至；殆已成“明日黄花”矣。兹附上，请于阅后见还。又何先生拟一覆电，亦请阅正后交下，以便拍发。专此，顺颂

公祺

振铎拜上

30/11/3

1941年11月6日

咏霓先生：

顷晤谈至快！兹奉上付芹款支票三张，每张五万，共十五万，乞

即加盖印章交下为荷！已约好芦君于本日下午三时左右来取款也。先生所需各书兹先检□种奉上。阅毕，乞即见还为感！附上书单一纸，请加签字掷还。俟书收回，即将此条送上作废，以清手续。以后送书均照此办法，如何？专此，顺颂

公祺

振铎拜启

30/11/6

1941年11月8日

咏霓先生：

兹拟就致王云五君函及慰君函各一件，乞阅正。附上空白之航空笺二纸，乞便中即签字于上，以免再行将誊清稿送上。芦处元刊本又送来一部分。何先生意：或可于下星期二下午四时左右来此一阅，如何？专此，顺颂

公祺

振铎拜上

30/11/8

1941年11月10日

咏霓先生：

本星期二下午四时之约已通知何先生，请准到为荷！兹奉上支票一纸（计三千元，二千为十一月份杂用，一千为购皮箱费），请即于加盖印章后交下为感！专此，顺颂

公祺

振铎拜上

30/11/10

1941年11月15日

咏霓先生：

王宅房租支票一纸（150元），兹奉上，敬祈转付为感！芹货已零【另】租妥稳之房一间存放，惟房租颇昂耳。（每月租费150元，又小费一千。）付邃雅斋《七十二家集》二千元，已由何先生开出支票一纸，兹并附上，乞即于加盖印章后交下，以便转付为盼！张君搜集晚清史料十余年，有目一巨册，合售五千元。敝意，此等书大可购，价亦不昂。因搜集之劳力，实远过于书价也。兹将该目一册附奉，乞裁夺办理为感！专此，顺颂

公祺

振铎拜上

30/11/15

1941年11月19日

咏霓先生：

兹接到蒋君一函，附奉，请阅后即交还，以便归还。书单中物，大都已交来，拟俟交齐后，托友携港。张君之晚清史料及文学书一批，计价五千元（彼自留者，当设法再加入若干种），已由何先生开一支票交来。兹奉上，请于加盖印章后交下转付为盼！专此，匆颂

公祺

振铎拜上

30/11/19

1941年11月27日

咏霓先生：

连日芹货已点交一千一百余种。尚有一不易解决之问题在，即吴兴人著述之界限是。此有二点：（一）吴兴是否以归安、乌程为限？（二）时代是否限于近人？芹则释为广义之吴兴，故唐、宋、元人著作（中有宋刊本一种，元刊本四五种，明抄明刊若干种）亦被包括在内。此事似非仔详交涉不可。且看今明日面谈之情形如何。此君殊不易对付也。覆蔚函已拟就，兹奉上。请加改正后交下，以便誊清。专此顺颂

公祺

振铎拜上

30/11/27

又王宅房租收据，便中乞代为收取交下。

1941年11月29日

咏霓先生：

致蔚函，已誊清，并已由何先生签字（略加数语，乞阅正）；兹奉上，请阅后，即签字交还，以便寄发。又本月份杂用颇多，由何先生开出支票一张（一千元）交下备用。兹并附奉；请于加盖印章后交还为感！专此，顺颂

公祺

振铎拜上

30/11/29

又所有来往信件及帐单，敝处为慎重计，均已送存银行。尊处所有函件应否另行放存，乞酌办。

1941年12月1日

咏霓先生：

芹货今日下午可点收完毕；尚有若干未检出者，然均是不甚重要之物矣。吴兴人著作方面，经前日面谈后，彼有若干之让步。（照“合同”原应由芹留下。）兹请何先生开出支票二张（各五数，共十数），仍不记名，送请先生加盖印章后交下，以便明日付出。余款五万，拟俟一切手续清楚后再付。先生以为如何？又《四明丛书》款迟迟未付，实因事忙忘之，歉甚！兹亦已由何先生开出支票一纸（两部共一千二百元），并奉上。“收据”便中乞交下。专此，顺颂

公祺

振铎拜上

30/12/1

1941年12月5日

咏霓先生：

芹货宋元本部分，已整理就绪；兹将“目”各一份奉上，请阅正。（一份已寄内地。）阅后，便中乞见还为盼！十二月份杂用，已由何先生开出支票一纸（二千元），请即于加盖印章后交下为感！专此，顺颂

公祺

振铎上

30/12/5

致蒋复璁（慰堂）

1940年5月21日

慰堂先生：

五月八日来示收悉。前一函及一电（致何先生）均已覆，谅已收到。此间“普通实用书”收得不少。杭州胡氏书、李氏书及邓氏书中均有普通书，而李氏书一万余册，殆皆为实用之书。凡各批书中所有“目录工具”及“金石书籍”均当另行提出。惟尊处“书单”迄未收到，不知所急需者，究为何书？俟此项“书单”到时，当即将已购者提出奉上，其他未购置者，当即行配齐。如能由邮局直接寄奉，最为方便。乞便中示知应与邮局中何人接洽，并应如何寄法，以便照办。群碧楼书，善本三百余种（《全唐诗稿》在内），连同普通书，已同时购下。（第二号函中已语及）乞勿念！前月曾从北平购得朱警辑《唐百家诗》全部，合之沈炳巽之《续唐诗话》，将来重辑《全唐诗》大有希望。其他宋、元人诗集，曾有法梧门抄本三十余册，未曾购妥，大是不幸。现仍在进行商洽中，不知能否归我辈所有。此书全从《大典》出，与四库本颇有异同。四库所删改者，此均保存原文（曾取得第一函略加对勘），故甚可贵。刘晦之处亦有法氏抄本宋、元人诗数十册，合之正是全璧，将来《全宋诗》或有纂辑之可能。斯类原料，似不能不乘此时机搜罗之也。刘晦之藏书凡五百箱，“方志”最多，风闻欲合售二十万金，可姑置之。余书欲合售四十万金，其中宋、元版与铅印、石印本糅杂一处，普通书尤多。殆可谓为“应有尽有”。近闻其中精品，有逐渐散失之虞，大是可虑！季辑《唐诗》底稿（以原书剪贴，明版最多，亦有元版，闻并有宋版在内，未见，以仅取得第一函也），曾有某贾欲加问津。《张于湖集》（宋刻宋印）亦已有北平文禄堂王贾欲代人购之。如精品去其大半，则其全部藏书即得之，亦无甚价值。如尊处欲进行商购者，乞即行示知，以便办理。迟则恐怕要缺佚不少矣。其全部书目十二册，已在敝处，正在嘱抄胥录副中。顷有某贾出示西书目录数十页，共三十大箱，皆应用书及文学、社会科学之著作，疑为某处大学所散出者，索一万四千金。以其过昂，已将“目录”还之。中西旧书商店倪贾，甚为狡猾可恶。《石林诗话》凡三册，仅四十余页，书品绝佳，然系元版，非宋版也，索三千元，可谓奇甚！已还以六百元，尚无售意。最后，倪贾让价至一千三百元，然仍不甚值得。想来不会有受主。至《李直讲集》，彼以宋版号召，始终不肯取出一阅。（且言：须俟《石林诗话》购成后，始可阅此书，大是可恶！）盖觏集，世上恐不会有宋版，疑仍是以明黑口本冒充者。俟彼能就范，当再奉告。惟平贾来此者日多，殆皆以江南为收书之大泽。盖山左、山右二地，本为平贾收书之大本营，近皆罕有货色，故其目光不得不转而南下，书价因之大为腾贵，颇感棘手。然数月以来，与各藏书家联络尚佳，大批书当不会失去。惟盼能源源接济以巨款耳，如款有把握，即北方书亦可大批南来。商人重利，实难动以感情，责以大义也。风闻张芹伯之弟，在美国留学（？）者，曾于最近来函，欲代美国某图书馆大购宋版书。平贾辈已开出书单若干寄去，“国宝”一失，不可复得，大可焦虑！

务恳速为设法，或由渝设法通知张某，不应代为搜购，欲购者，必须经过审查，验明无关文献，并非“国宝”，始可任其寄发。否则，必须设法截留。此事关系民族文化太大，务恳告知骝、立二公，速想一妥善办法为荷！正封函间，又得七日来示并书单一份。书单中各书，已购者不少，当即行遵嘱寄上。邮局方面，如办得通，可直接寄渝，则数日后即可奉上也。乞勿念！此间所得各书，正在分别“编目”，其“善本”部分，已详加批注版本并录题跋。为此项“编目”工作者即嘉业堂编目并管理人之施维藩君。现已写成三册，尚为负责，可释廑念。惜尚无暇录副奉寄耳。要说的话太多，当于第三号报告中详之。专此，匆颂

近祺

弟振铎拜启

一九四〇年五月二十一日

书单已到，鄙意寄书地点以寄至香港九龙福菜街为妥。以渝昆不但需时，且恐未必肯寄也。弟寿镛注。

1940年6月17日

蔚唐先生：

前上一函，想已收到。曾由香港高先生转上《清会典》二部，想不日当可收到也。惟“邮费”未免太贵耳。（恐要超过书价。）兹由张凤举、李旦丘二先生介绍，知听涛山房得到商代铜器十余件、陶器三十余件，皆完整，系劫中在安阳出土者。据云：甚可靠。我对此完全外行，特嘱其摄影一份，并拓出“文字”。计商器十三件、周器二件、陶器三十四件，后来又得到商器三件。第一批商、周铜器十五件，欲售洋一万三千元。（陶器并说价，但甚廉。）第二批商器三

件，欲售三千余元。兹将照片附上。此二批古物，最好能由傅孟真兄方面收购。已再三嘱该肆不可拆售，等候我们回音。如可购，乞即覆一电，此间当可先行说价并付定洋或代为垫款。便中恳即转达孟真兄为荷。至五月以来购书情形，详于第三函，明后日即可寄上。专此，

匆候

著祺

振铎启

一九四〇年六月十七日

1940年8月14日

蔚唐先生：

晨间奉上一函，并附公是目一份，想已收到。兹复附奉存港之杂货目一份（中亦有数十种为公是物），乞留存查。尚有一批目，数日后亦可奉上。如此，则此事可全告一段落矣。

“航运”之书，如已到达，恳便中即来一电示知，以慰远怀为荷。专此，匆颂

晨祺

振铎拜上

一九四〇年八月十四日下午

1940年9月20日

慰堂先生：

前日奉上一函，想已收到。兹将敝店前所收购之邓氏群碧楼书全部目录，分作三函寄上。收到后，便中乞一覆。尚有其他各家书目，当陆续分批寄奉，以供选购。中图自先生正式就任后，想必可大展鸿图也。敬贺，敬贺！盼能多购若干书籍，以实尊库。敝店无能为力，必当尽力代为采购也。惟敝店资本短少，兼之近来收货过多，周转为

难，眼见有好书精品亦无力收下。友人处所认之续股，盼能即日汇下为荷？盖营业最贵继续发展，一旦停顿，便不易恢复，且亦不易再图进步了。半年以来，费力颇多，店务甚有起色，前途极有希望，凡各地书贾皆已联络就绪，如一月、二月，续股不到，便将使来货中断，势难发展。务恳股东方面注意及此！或再行先拨若干亦可。匆此，顺颂

公祺

铎上

一九四〇年九月二十日夜

1940年10月22日

慰唐先生：

得来示，甚快！知邓、宗二目已收到。兹又将胡氏书目（作一函）奉上，乞察收。费氏书目，亦同时另函寄奉（分作二函），收到后，恳即覆数字。尚有敝店新收之其他书目，亦当陆续寄出。店中"营业报告"第五号，即可于一二日内奉上。专此，匆颂

公祺

弟铎上

一九四〇年十月二十二日

1940年11月1日

蔚唐先生：

叠上数函，谅已收到。芹款已到，连定洋万元，共已付四万元。（上月底付三万。）明【昨】日傍晚，取来黄氏校跋书一百零一种，三百又三册（中一种仅有藏印），点收无误。兹抄目奉上，乞存查。此批书琳琅满目，应接不暇，虽仅二箱，而浩若渊海，黄跋书当以此

为巨观矣。披览终夜，喜而不寝，摩挲未几，几于忘饥。宋、元部分，俟点查完毕后，亦即可收下，乞勿念！与此函同时，并奉上“丛书”印样甲35至甲41号，共七函。（内为《安南来威图册》三卷、《辑略》三卷。）收到后，恳能一覆。前共已寄上印样不少，不知均已收到否？殊以为念也。如不能收到，则即当另想办法寄上矣。圣与先生仍在渝否？甚念，甚念！见时，乞代为问候。连日殊为兴奋，除上课外，几足不出户，全为“书”忙！然实乐之不疲也。专此，顺颂
公祺

振铎拜上

一九四〇年十一月一日

1940年12月14日

蔚唐先生：

十一月二十二日来函奉悉。朱公致柏公电亦已收到。续股一万五千元已由遐老处转到，扣除汇水后，实收一万三千六百十一元余，共损失约一千四百元，可谓巨矣。不知此后之续股，有无更妥善之方法寄下？续股尚有一万五千元，想不日亦可寄出。此款到后，敝等意拟先购刘氏货一整批，俟陈方续股五万到后，再续购张氏货，不知尊见以为如何？惟物价随米价而日涨，如再迟延不决，将来必更难措手。刘货已在编印“目录”，闻欲向美国售销，已力加阻止，尚不知有无效力。顷知平傅某处已有货色一批，均颇佳，由某人经手，售予国会图书馆，此实大可扼腕之事也！不知贵处有所闻否？总之，我辈在此，已尽人事，尽量设法为店多收货色。能在阴历年内续股全部寄到，则在收货方面，必可便利不少。且亦亟思能在此时将店务清理，以轻责任。务恳鼎力设法，在各股东方面进言，早日汇款，至盼，至盼！现正在接洽，购入一批关于明代之“史料”书，

中有《明会典》二部（一万历、一弘治）、《大明律》、《大明律集解》、《皇明书》、《皇明献征录》、《皇明世法录》、《明政统宗》、《皇明经世文编》、《五边典则》、《经世雄略》、《厂库须知》、《明名臣言行录》、《辽东志》（嘉靖蓝印本，孤本）、《海盐图经》、《嘉兴府志》等等。又有明初黑口本之宋、元、明人集十余种，天一阁旧藏明抄本（皆单本）十余种，明刊《山静居丛书》及《颜子传书》等若干种，皆极为罕见者。大约可以购得。间亦有与刘氏目中物相同者。为节省物力计，自当剔去。然"少纵即逝"，不可复得。现尚扣留在敝处，并未退去。如不嫌"重复"，则亦不妨收之也。有某贾来言：有宋刊十行本《十三经注疏》全部，可出售。世间殆无此书，如有之，实最大之好消息也。已嘱其设法取得一阅。又津海源阁有宋蜀刊《二百家名贤文粹》（见黄氏《题跋记》）实人间孤本，至少须一千五百元始可售。已在商洽。然为力不足，似亦艰于问津。现在目标，全在"孤本""稿本""罕见本"及"禁毁书""四库未收书"，所收者已颇可观。盖惟此类书之获得，方符"保存"文献之初衷也。普通书，比较易得者，已一概弃之不取矣。贵处如能力加援助，则将来必大有成绩可言。得失之间，殊为微妙。能有实力，则一切均可顺利办去也。专此，顺颂

撰安

振铎拜上

一九四〇年十二月十四日

菊老染恙，已进医院，祝其能早日痊愈也！

1941年2月26日

慰堂先生：

月来将去岁所得之书加以整理，尚觉得意。今春书价大昂，平肆因汇水关系，尤不愿售书于南方，故此后我辈得书恐将倍艰于前矣。细估去岁所购，价均尚廉，若于此时购置，需款必将倍之。近来选书更酷，所得不多，盖由此也。森公在此，每事请益，获裨良多，至感愉快！几于无日不聚，聚无不长谈。奇书共赏，疑难共析，书林掌故，所获尤多，诚胜读十年书矣。惟近有一事，殊使弟深感不安，为弟之立场计，不能不慎重声明素志。盖顷从某友许获悉森公曾去函尊处，述何先生意，欲按月付弟以若干报酬。此事殊骇听闻！弟事前毫不知情，否则，必力阻其不必多此一举也。二公盛意，虽甚可感，然似未深知弟之为人。弟束发读书，尚明义利之辨，一腔热血，爱国不敢后人。一岁以来，弟之所以号呼，废寝忘餐以从事于抢救文物者，纯是一番为国效劳之心。若一谈及报酬，则前功尽弃，大类居功邀赏矣，万万非弟所愿问闻也。尊处如亦允二公所得，竟欲付弟以报酬或任何名义，则弟只好拂袖而去，不再预问斯事矣！弟自前年中，目睹平贾辈在此钻营故家藏书，捆载而北，尝有一日而付邮至千包以上者。目击心伤，截留无力，惟有付之浩叹耳！每中夜起立，彷徨吁叹，哀此民族文化，竟归沦陷，且复流亡海外，无复归来之望。我辈若不急起直追，收拾残余，则将来研究国史朝章者，必有远适海外留学之一日，此实我民族之奇耻大辱也！其重要似尤在丧一城、失一地以上，尝与菊、咏、柏诸公谈及，亦但有相顾踌躇，挽救无方也。姑电蒋、朱、陈、翁诸公陈述愚见，幸赖诸公珍护民族文化，赐以援手，又得吾公主持其间，辛劳备至，乃得有此一岁来之微绩。虽古籍之多亡，幸“补牢”之尚早，江南文化之不至一扫而空者，皆诸公之功也。此不仅建国之盛业，亦子孙百代所应泥首感谢者。我辈得供奔走，略尽微劳，时读异书，多见秘籍，为幸亦已多矣！尚敢自诩其功乎？书生报国，仅能收拾残余，已有惭于前后方人士之喋血杀敌者矣。若竟复以此自诩，而贸然居功取酬，尚能自称为“人”乎？望吾公以“人”视我，不提报酬之事，实为私幸！且政府功令，兼职者不能兼薪。弟任教国立大学，已得国家薪禄，更万无再支额外劳酬之理。如为采购事务，奔走市上，则尽可开支车资，实无按月支领巨额薪酬之必要也。国难未已，分金均宜爱惜，我辈书生至今尚得食国禄，感国恩已深，虽此间生活程度颇高，然量入为出，差足仰养俯育，更不宜乘机取利，肥己肥家。读书养气，所为何事！见利忘义，有类禽兽。良知未泯，国法具在。务恳吾公成全弟之私“志”，感甚、感甚！采购事，最麻烦，且最不易得美评，差幸年来无大过失，足慰远念。顷正由森公逐书审定，查点入箱。善本书目，正在缮写，不日即可奉上。诸公读此目后，当可了然于采购经过，无烦弟之费辞陈述也。微闻妒忌猜疑者大有人在，固不仅要防奸也。袁某在港，扬言欲破坏此事，不知是何居心。我辈尤应百事小心，不宜授人以口舌。故即为吾公计，亦不宜提及弟之报酬事也。如尊处竟允二公之请，竟致酬于弟，则弟为一己之名誉计，惟有洁身而退，自即日起，不再预问此事！（至已购各书之清理，自责无旁贷，仍应办竣。）区区微忱，幸加鉴谅是幸！专此，顺颂

公祺

弟铎拜启

二月二十六日

1941年4月11日

慰堂先生：

由柏丞先生转下来示，敬悉一切！先生盛谊，至为心感！惟弟之负责收书，纯是尽国民应尽之任务之一，决不能以微劳自诩，更不能支取会中分文，以重罪愆。弟素奉公守法，自必严遵国府兼职不兼薪之功令。有违尊命之处，尚乞鉴谅。将来，弟如辞去暨大教职，专办此事，或不支暨大薪水时，自当即行遵命支薪也。俟此间事务告一段落时，弟或将赴港一行。刘书成交后，拟在一个月内，将“善目”全部编就奉上。自信目中物颇可观，幸不辱命也。专此，顺颂

公祺

弟振铎拜上

一九四一年四月十一日

陈、丁二先生已动身，想不日必可到。

致徐文垧（伯郊）

1952年8月25日

伯郊兄：

香港来信及托陈君葆先生带来的信都已收到了。以前寄的两封信均未收到，想均已失落了。以后来信，最好能复写几份，分几次寄出，同时交了一份托新华社或中国银行带到广州寄出，比较的妥当些。有数事分别答覆如下：

（一）所有在港要收购的文物，请统计一下；共有若干件，共需多少款？并请分别“最要的”“次要的”，以便一次请求外汇。（在年内可成交的有多少件？需多少钱？）因外汇手续甚烦，数目多少倒无关系也。

（二）陈仁涛的古钱，如能在九十万港元左右成交，决当购下。惟本年度预算不多，需在明春才可付出。

（三）寄来的照片中，以任月山的《张果见明皇》为最佳，请即购下。巨然及刘道士的，也好。《盘龙石》及《三马图》、王蒙的《修竹远山》等可购。估计共需多少钱？《盘古图》要仔细研究。怕是出于张大千之手，千万要小心。如实是宋画，则太奇了！且也太好了！中国似从无此种作风也。

（四）《采薇图》能购下否？究竟是要合多少港币？

（五）回港后，请和张大千多联系。凡在美国的名画，还有在日本的，最好通过他的关系能够弄回来。这是一件大事。盼他能够努力一下也。《晋文公复国图》乃卢芹斋之所藏，均盼能回国来。此事甚为重要，且须机密。请和朱市长谈谈。能直捷和大干公开的谈，并托他（鼓励他）努力于此事否？

（六）去年的及今年的帐目，盼能将“收据”及清单寄下，以便结清。又，季羡林的款子，盼即能汇给他，他已催过多次也。即致

敬礼！

振铎上

25/8

1952年12月15日

伯郊先生：

接电话，知已回穗，甚以为慰！港汇四万元，已于前日汇交朱市长。请你和朱市长商定：是否可即汇给胡惠春兄，以清此帐，同时并托他将存港各画，托妥人带穗否？你可以暂时留穗，似不必亲自赴港办理此事也。你所需人民币五百万元，已由我局汇穗，托朱市长转交给你了。会计方面催结帐甚急，盼能将单据各件，早日寄京，以便报销。此事甚为重要，盼能即办一下。许多时候以来，你替国家办事，迄未支付分文，我们甚为不安。拟按月补送薪金，万乞勿却为荷。请便中即速来信，详细说明港中新发现的古画的件名，约价等等。又陈澄中的善本是否可购？陈仁涛的古钱究需若干？并乞告知，以便事前筹款。

匆颂

冬祺

振铎上

15/12

1952年12月23日

伯郊先生：

由广州寄的四函，均已先后收到。（一）张大千的王蒙《林泉清集》，靠不住，万不可要！最好仍要他的《修竹远山》。千万！千万！或换一件别的画亦可。此全由收购时未曾来函联系好之故。此后工作，必须更加小心慎重。

（二）你这次购画，大费心机，甚是感谢！希望能在穗稍住几时，因有许多事正在决定阶段也。如赴港，又要接头不上了。宋徽宗等画，能托人带穗否？欠款能托人代付否？甚盼能设法托可靠之人办理此事也。（托胡惠春或陈君葆为妥。）

（三）《金匮论古》一册，已收到。

（四）陈仁涛的古币事，正在向中央请款中，一俟决定，即可汇交朱市长。大约明年春初，当可有办法。

（五）陈澄中的善本，亦可进行洽商，此是极重要的东西，必须收得。又，你所藏的善本，如能出让，亦盼能收得。

（六）周游的马远《踏歌图》及朱泽民《秀野轩卷》均可收。赵氏三代《人马卷》，有问题，以不收为宜。

（七）李唐《采薇图卷》，应收。

（八）王南屏的《小米卷》及赵子固的《墨兰卷》、吴历《墨井草堂卷》必须收得。要托人同他说明，必须让给我们。曹知白的册页及仇英的《竹院逢僧》亦佳。能一同和他议价否？

（九）毛益《牧牛图卷》及孙知微《江山行旅卷》，均可收。

（十）王振鹏的《丹台春晓图卷》及黄荃《梨花山鹊轴》，均为劣下之伪品，万不可购。

（十一）商琦的《秋山图卷》，可要。

（十二）《行穰帖》可不收。

（十三）楼观《观瀑图》及方方壶《武夷放棹轴》均可收。

（十四）梅花道人的《峦光送爽图》系伪品，不可要。

（十五）李嵩《观潮图卷》可要。

（十六）王诜、石恪及某军人之物，似均不可靠，要十分慎重考虑，并仔细研究。

（十七）董源《溪山行旅图》绝佳，在必收之列。只要日本能够出口，即可付款。

（十八）王文伯、王季迁之物，均绝佳，可收，且必要收。能谈价否？

（十九）卢芹斋的李息斋《竹卷》，可收。他的钱选《杨妃上马图》，不可收。但另有张萱的《唐后行从图》，闻尚未售出，则为非要不可之物。

（二十）北京图书馆的杂志，已托陈君葆先生设法运回。

（二十一）康熙“墨地五彩”，最好能叫惠春出让。

（二十二）宋瓷二件，价太昂，且均窑观音尊，恐非宋均，以慎重不收为宜。

（二十三）《晋会要稿》尚未收到。当可考虑给奖状也。

（二十四）溥仪赏溥杰书画目录，并未印人《文参》。近印《中国印本书籍展览目录》一册，颇佳。兹托朱市长转上一份。请加批评。

你在港的工作，是肯定有很大的成绩的，我们都很感激你！为国

家、人民争取已流出国外的“重宝”，这是一件大工作。尚恳能多多努力，获得更大的成功！匆匆，容后再详言。致

敬礼！

郑振铎上

23/12

1952年12月26日

伯郊先生：

前日由朱市长转上一信，想已收到。因为有许多事正在商议、决定阶段，所以希望你能够在穗稍留，等候决定。如果那四件画非你回港不能取回，则请你和朱市长面商。否则，最好由你打电话或致函经手人，将那四件画送交朱市长指定之中国银行某人，交件取款。不知你的意见如何？第五号信已经收到了。容庚先生藏的错金缶，确是绝品，当和他直接洽商收购。

王蒙的《葛稚川移居图》，系在孙煜峰手中，可不必和陈仁涛谈。此一件不能作为国外收购之物，也不能付港汇，请不必和陈仁涛接洽。张大千的王蒙《林泉清集》，不能要。原来说好是《修竹远山》的。我们不能收下伪品。必须弄到《修竹远山》。请千万竭力交涉为荷。余续谈。即颂

冬祺

振铎上

26/12

各种单据，务请寄回。

1952年12月30日

伯郊先生：

前日托朱市长转上一函，并《中国印本书籍展览目录》一本，想已收到。这个展览，大有可观。宋本洋洋大观，几于无所不有。可惜你没有来京参观。但看了“目录”，也足以算是“过屠门而大嚼”了。张大千的画四件，其中王蒙的《林泉清集》一轴，万不可要，更不可带回穗来。因一带回，便难再行出口，将来纠纷更多。必须换王蒙的《修竹远山》，否则，换别的亦可。如一时来不及换，则只带三件回穗亦可。万不可把《林泉清集》也带回来。千万，千万！明年收购的意见，正在交换中。香港的市面不好，正是收购的大好机会。惟仍必须十分的机密，十分的小心慎重，以免有坏人钻空子。在国外，办理此种事，不像在国内，处处要防备，处处要妥慎，绝对不能有一点疏忽。一不小心，就容易出乱子，实在不大好办。一切务请请示朱市长后再办为要！庞虚斋的藏画，已全部收购，剔除伪品之外，尚有三百多件，诚为大观。得此，明清画家们之精品，已略具规模矣。故宫的绘画馆，明年国庆节必可开幕。当为国内最完备之一美术馆也。请在穗稍住若干时，待我们有所决定后，再定行止为荷。季羡林君的款，已催索数次，盼能设法归还他。为要！我局拟每月致送薪金若干给你，乞勿却。并拟自五一年起补送。当从薪金中提取若干归还他，以了此事。你以为如何？乞覆！即颂

冬祺

振铎上

30/12

1953年1月29日

伯郊先生：

因忙，数函稽覆，至以为歉！知张大千三画已运回，甚为高兴！尚有一画，亦盼能早日送回。请仔细估计一下，今年之内，或春季之内，必须购买的件名、价格，开列一单交来为荷。所有单据，务恳早日寄来。又您存港的善本，能运回否？我们很希望能够收购也。我局王毅同志赴穗公干，一切当面谈也。致

敬礼！

振铎上

29/1

孙知微画的照片已经接到了，谢谢！

1953年2月19日

伯郊先生：

连接数函，未即覆，为歉！宋徽宗的画等五件，已收到。均是真迹，且均甚精，甚为感谢！特别是任月山的《张果》，精神奕奕，《三竹卷》也绝美，我们都很兴奋。

你所提的预算，已经看到。第一部分的价钱，是否可以确定？因请款必须有确切的数目也。乞即函知！惟请款手续甚烦，时间不能一定。我和冶秋同志商量了一下，拟仍请你再赴港一行，以便接洽陈澄中的善本书事等。行前，乞再来一详函。有数事请，注意：

（一）到港后，请告知确切地址，以便派人联系。

（二）行动务请特别小心慎重，不宜泄露秘密。

（三）时时写信来，并在决定收购何物之前，先行告知我们。通

信的方法，（1）可复写数函，前后寄出；（2）但最好还是托中国银行沈经理等可靠之人，带穗付邮，或托朱市长寄来。千万要常通信。

（四）收得书画等件后，即行带穗。

（五）闻卢芹斋在巴黎病危，他的东西有办法托人收购否？

（六）陈澄中的善本书，要早日接洽好。

（七）你自己的《陆放翁集》及几十种明版方志，盼能售让给公家。当然，你如果要留下，我们决不勉强。不过，甚盼能带回国，不可任其流落在国外也。

（八）所有帐目单据等，盼能于回港后，整理清楚，交中国银行或他人带穗寄京，以便报销。此事，会计方面已催了好久也。

（九）王南屏二画，价极昂，如加上明清画，并加上文彦博、王晋卿等字卷，则可以二十五万购之。

（十）李绳毅的奖状，当即行寄上。

（十一）人民币七百万元，已汇上，想已收到。

一切请特别小心珍重。并请常常通信为荷。即颂

新祺

振铎上

19/2

1953年3月27日

伯郊先生：

叠接数函，因月来极忙，未即覆为歉！预算尚未批下，但不是“钱”的问题，乃是办法和手续的问题。例如，如何在港组织一个小组，来主持收购，如何把已购之物带穗，等等。这些问题，正在与有关方面商谈中。我们的收购重点，还是古画（明以前）与善本书，因其易于流散也。至于古器物，像铜、瓷、玉器等，除非十分重要的，

均可暂时不收。一年半载，也不能收得尽。现在首先要解决的问题是陈仁涛的一批古货币。这一批东西是重要的，但其中颇有波折。这一批古钱的所有权，是陈仁涛与张炯伯共有的。（张占十分之一。）曾把陈的目录和张研究了一下，张深知其收购的经过（大半是他代经手的），且也曾代为进行出售过。有几个问题，必须先行解决，才能决定收购与否：

（一）陈托张代为出售时，只索价港币七十万元（有函为证），如今我们出了九十万元。可见陈之狡猾异常。你赴港时，只好推翻前议，以他从前所索之价为准。如不肯卖，只好暂搁一下。否则，我们凭空多出了二十万，实在交带【代】不过去。我们必须对人民负责。

（二）目录中物，重要者极【均】在。但以陈之狡猾，能不能担保不以伪换真呢？如被换了重要的几件，则全部的东西便顿然减色了！故必须查对目录，更必须审定是否原物！如何审定法子呢？最好是在穗。即先将古钱运穗，验明无误后，才能付款。万不得已，只好在澳门。或先将款提存某银行，双方（我、陈）签字为凭。俟验明后，才由双方签字提款。这个办法，他是否同意呢？

（三）如果陈对以上二点均同意了，如何把这批古钱，安全的运到穗呢？（必须不让它出半点差池。）以上三点，请先行研究后，即函告我为荷。弟意，如有困难，即暂时不理他亦可。宁可以全力进行购买古书、古画，因兄对书画是有把握的。对古钱，可能是把握少些，更不能不万分慎重小心也。

至关于书画方面，如此时不购古钱，则尽可在四五月内，把必须购的，一起购下也。最重要的是陈澄中的书，务请能设法购到国内收藏，重要者已仅此一家矣。兄的善本，也请能一并见让——如果愿意的话。

王南屏的信已见到了，可以照他的意见办。但明画能多争取为上策。

李唐、马远必须购下。王季迁的东西，有办法购致否？卢芹斋处的张萱《唐后行从图》有办法得到否？一切均请兄努力！兄为人民争取了不少极重要的东西，功在国家，不仅我们感激你而已。这个工作，虽是麻烦，但成绩是很大的，效果是很大的。务望继续努力，不怕麻烦，为人民服务，必应全心全意地；革命工作就是麻烦的事，不遇到困难，而能立即成功的事是很少的。越有困难，越能增加考验的机会，越可加强信心也。

弟所以要兄在穗多留几天，即考虑把计划全部搞妥缓，俾兄到港后，不至再有等款不到的麻烦。请兄对以上问题仔细研究一下，见覆。再二三天，我当再将购画的具体计划告诉兄。

明天有一个小展览会陈列宋徽宗及马麟等画，一定可以大博好评也。匆致

敬礼！

弟振铎上

27/3

请候下次信再行决定行止。

1953年4月8日

伯郊兄：

四月三日来信及附来的王南屏信，均已收到了。关于收购文物事，我们已有通盘计划，正在呈请批准中。大约不日即可批准。兄的行程，最好等待决定后再动身，如何？大约不会出十天半月也。

（一）关于陈仁涛古钱币事，因今年第二季度经费已罄，拟专案办理，另请专款。想可以办得到。张炯伯已有书面的详细说明送来，

拟于第三季度办理。但价值方面，最好能够减少，以免有人说话。

（二）胡棣殊的收藏，请代运回。他的嫂嫂处，我们也当设法，由她出函取件，以便一并运回。

（三）收购事，拟成立小组，由兄负责接洽、鉴定并议价事，由中国银行沈经理及温康兰二位负责付款等事；由你们三人成立一个小组，如此可省责任过重也。温康兰同志处，已由廖承志同志通知他。沈经理处，最好由朱副市长通知一下。温康兰同志如何和你接洽，可先和广州的华南统战部长饶彰枫同志联系。

（四）第二季度必须收购之物为：

（1）马远《踏歌图》，（2）朱泽民《秀野轩》，（3）宋徽宗翎毛四段（有疑问），（4）赵孟頫《双松平远》（已售与英国），（5）周砥《铜官山色》（不在周处，下落待查），（以上为周游所藏），※（6）宋人《湖山清晓图轴》（陈仁涛所藏），（7）李唐《采薇图》，※（8）毛盖《牧牛图》，※（9）宋人（李嵩）《观潮图》，※（10）商琦《伍山图），（11）方从义《武夷放棹图》，（12）董源《溪山行旅图），（13）米友仁《云山图》《潇湘奇观》，（14）赵孟坚《墨兰卷》等（以上二件为王南屏所藏），（15）司马光《通鉴稿》，（16）吴允文自书诗卷，（17）张逊《双钩竹卷》（以上三件为谭敬押出的），估计约共八十至九十万元。

以上是第二季度必须收购的。款一领到，即可汇出。

（五）陈澄中的善本，请与他接洽，拟放在第三季度或第四季度之内，专案办理。

（六）王季迁、卢芹斋二家物，请加紧接洽。有眉目时，即可请款。

（七）盛苹臣处，有宋元集绘册三本，内容甚好。必须设法争取！

（八）余协中、王文伯之物可设法否？

（九）张大千的《修竹远山》何时可取回？他已否回港？盼他能够回国来。

（十）日本的东西，尚应设法争取。

总之，第二季度必须先办好所列的十七件。余可徐图之。如有其他消息，盼时时告知。出去后，盼常来信。信以托沈经理交人带穗寄来为妥。匆颂

春祺

振铎

8/4

有※的四种，价格似较昂请斟办。

1953年4月28日

伯郊先生：

十八日和廿日的信都收到了。朱光同志明后天就回穗。一切当由他面谈。港汇已汇穗。收购小组，你到港后，请即着手组织起来。画收到后，请即随时托人带穗。第一重要的是：先购董源的《溪山竹旅图轴》。凡从日本来的东西，都应收。这是十分必要的。其次，凡有被美帝垂涎欲购之可能的，也必须先收。像李唐《伯夷叔齐卷》等应先收。又王南屏款二十三万，也请先付。小米、赵子固等即托他，或托沈经理带穗均可。其他，可根据上次寄上的目录，分别收购。至宋徽宗翎毛四段，葱玉说是可靠的，能设法寄一张照片来，最好。

胡棣珠嫂嫂的信今附上。胡氏的欠款可代付。（将来扣还。）这一批尺牍取来后，盼即运穗转京。

陈清华的善本书，盼能便中进行。拟于讲好价格后，连同陈仁

涛的古货币，一同请“专款”。古货币如能在七十万上下收下最好。最多不能超过八十万。因陈君向张炯伯说过，是半捐半卖也。汇上九十万，除购已定各物外，尚有余款，请谨慎的购些非购不可之物，特别是从东洋运来之物。

王季迁、卢芹斋之物，请进行，但也须要“专款”来办。

你自己的《陆放翁诗集》等，也请不客气的开个价格，以便付款。如需港币，当以港汇照付。我们知道你的困难，不必要说“捐献”之类的事。又，你在港所需款，请开帐，以便照付。又，以前的收据等，并请便中寄穗转京。

谭敬的三件，忽增为六万元，只好暂时不谈了。

王庭筠的《幽竹枯槎图》，极好，应购。

盛苹臣的《唐宋名画册》二本，虽中有伪品，亦可购。又他的同宗某人，亦有一本，请打听一下。匆颂

近祺

振铎上

28/4

请常常来信。（最好交沈君寄出。）